Mosaik
bei GOLDMANN

Buch

Wie oft sprechen Eltern die gleichen Sätze, wie oft überschreiten Kinder genau die viel beschworenen Grenzen? Sobald es ums Fernsehen, ums Aufräumen, um Hausaufgaben usw. geht, bricht der Kleinkrieg aus. Cornelia Nitsch zeigt einfache und bewährte Wege, wie Eltern und Kinder das Kriegsbeil begraben und friedlich miteinander auskommen können. Sie beschreibt typische Auseinandersetzungen und Machtkämpfe und gibt Antworten auf alltägliche Fragen zu den Themen Verwöhnen, Verständnis, Geduld, Selbstständigkeit, Gefühle, Schimpfen und Strafen, Lügen und Vertrauen. So lernen Eltern, ihr Kind besser zu verstehen und finden die Balance zwischen Nachsicht üben und Grenzen setzen.

Autorin

Cornelia Nitsch studierte Sozialwissenschaften und arbeitet heute als Autorin und freie Journalistin. Sie lebt mit ihrem Mann und ihren vier Söhnen bei Bad Tölz.

Von Cornelia Nitsch außerdem bei Mosaik bei Goldmann:

Die schönsten Familienrituale (16212)
Der blaue Luftballon (16277)
Bloß nicht alles richtig machen! (16317)
Räum endlich dein Zimmer auf (16366)
Jungen sind einfach anders (16425)
Schule ohne Bauchweh. Zus. mit
Cornelia von Schelling (16347)
Fit und schlau. Zus. mit
Hertha Beuschel-Menze (16521)

Cornelia Nitsch

Was Eltern auf die Palme bringt

Einfache Problemlösungen – damit es allen gut geht

Mosaik
bei GOLDMANN

Umwelthinweis
Alle bedruckten Materialien dieses Taschenbuches
sind chlorfrei und umweltschonend.

Originalausgabe Juli 2003

Umschlaggestaltung: Design Team München
unter Verwendung eines Fotos von Zefa/A. Inden
Redaktion: Monika Radecki
Satz: Filmsatz Schröter, München
Druck: GGP Media, Pößneck
Verlagsnummer: 16536
Kö/ue • Herstellung: Ina Hochbach
Printed in Germany
ISBN 3-422-16536-9
www.goldmann-verlag.de

1 3 5 7 9 10 8 6 4 2

Inhalt

Vorwort 9
Ganz schön patzig! 12
Verwöhnen – nur in kleinen Portionen? 14
Geschwister – dauernd im Streit? 16
Wie viel Verständnis muss sein? 18
Wenn Rambos zum Geburtstag kommen 20
Bin ich ein gutes Vorbild? 22
Einfach wegnehmen, das gibt's nicht 24
Lob – ein wahres Zaubermittel? 26
Beim Malen und Spielen keine Geduld? 28
Motivieren – aber wie? 30
Fundgrube: Schubladen und Schränke 32
Selbstständigkeit – ja, aber wie viel? 34
Mein Kind wehrt sich nicht! 36
Das Selbstwertgefühl stärken – aber wie? 38
Warum fällt Nein sagen so schwer? 40
Über Gefühle miteinander sprechen? 42
Die falschen Freunde – was tun? 44
Wenn Freunde falsche Vorbilder sind 46
Dieses ewige Kabbeln und Kloppen! 48
Von den eigenen Sprösslingen lernen? 50

Kraftausdrücke einfach ignorieren? 52
Eine verrohte Sprache – ganz normal? 54
»Mami ist eine doofe Ziege!« 56
Grenzen setzen – aber wie? 58
Trödeln, was das Zeug hält 60
Konsequent bleiben – wirklich immer? 62
Schlechte Laune 64
Halt geben – aber wie und wodurch? 66
Immer Ärger beim Essen 68
Schimpfen völlig überflüssig? 70
Im Haushalt mithelfen – Fehlanzeige! 72
Wann helfen Strafen weiter? 74
Wenn Kinder einfach nicht gehorchen 76
Warum fällt das Gehorchen so schwer? 78
Eifersucht unter Geschwistern 80
Provokation – warum eigentlich? 82
»Ich ziehe an, was ich will!« 84
Machtkämpfe lieber vermeiden? 86
Mein Kind will nicht ins Bett! 88
Abstand halten gleich Liebesentzug? 90
Von Störenfrieden und Nervensägen 92
Gemeinsam den Alltag regeln? 94
»Mach nicht so viel Lärm!« 96

Sparsam mit Verboten umgehen? 98
Im Dauerstreit um Tischmanieren 100
Warum können Pflichten Freude machen? 102
Keine Spur von guten Manieren 104
Rücksicht nehmen aus der Mode? 106
Mein Kind verstummt plötzlich 108
Immer freundlich sein? Bloß nicht! 110
»Wer kann schnell Milch holen?« 112
Schlechtes Gewissen überflüssig? 114
Und wenn sie ewig am Computer sitzen? 116
Sichere Eltern wirken überzeugend 118
Immer Ärger mit der Schule 120
Vertrauen in das Kind setzen 122
Unser Kind will nicht allein bleiben 124
Sind Kleinkinder schon »Partner«? 126
Der lästige Streit ums Aufräumen 128
Keine Lust mehr auf Erziehung? 130
Wenn sich ein Kind unerwünscht fühlt 132
Erfolg – das beste Mittel gegen Frust 134
Wenn Eltern das Malheur kommen sehen 136
Was soll an Misserfolgen gut sein? 138
Wie Angsthasen mutiger werden 140
Von der Angst um die Kinder 142

»Ich haue die Mama einfach!« ... 144
Wenn Eltern unter Druck geraten ... 146
Warum so schrecklich unzuverlässig? ... 148
Warum Zuverlässigkeit so wichtig ist ... 150
Wie viel Zuwendung muss sein? ... 152
Die Wohnung: ein Schlachtfeld ... 154
»Ich will ein Eis!« ... 156
Ruhe bewahren – wie denn? ... 158
Alles anfangen, nichts beenden ... 160
Zu viel Programm, zu viele Termine? ... 162
Erwischt bei einer dicken Lüge ... 164
Zugeben, dass Lügen Alltag sind? ... 166
Ein heißes Eisen: die Klamotten ... 168
Wenn die Seele Bauchweh hat ... 170

Register ... 172

Vorwort

Kinder machen Zoff. Liegen sich in den Haaren. Gehorchen nicht. Provozieren. Zetteln Machtkämpfe an. Lassen ihre Muskeln spielen, und das Tag für Tag. Die Folge: Viele Eltern fühlen sich überfordert. Reagieren nur noch verunsichert. Oder gereizt. Sie geraten in eine innere Sackgasse und denken: Diese dauernden Streitereien um unaufgeräumte Zimmer, um nicht erledigte Hausaufgaben, um Zank mit den Geschwistern, um Mäkeln beim Essen, dieses ewig schlechte Gewissen, mit dem ich mich herumquäle in der Angst, Fehler bei der Erziehung der Kinder zu machen – das kann doch nicht jahrelang unser Alltag sein. So anstrengend haben wir uns das Leben mit Kind und Kegel wahrlich nicht vorgestellt. Viel zu disharmonisch. Viel zu stressig.

Wer gestresst ist, lässt sich zusätzlich gern durch Kleinigkeiten reizen und damit erst recht auf die Palme bringen.

Mehren sich die Konflikte, dann schraubt sich die Stressspirale bald hoch und höher, und das Leben mit Kind und Kegel artet in einen andauernden Kampf aus, der viel Kraft, Energie und Zeit kostet. Was tun, damit sich die Lage entspannt oder besser noch: damit sich Probleme erst gar nicht anhäufen?

In den folgenden Kapiteln finden Eltern, Großeltern – alle, die mit Kindern zu tun haben, eindeutige Antworten auf diese Frage und klare Strategien zur Lösung von Konflikten, die jeder in die Praxis umsetzen kann.

Sie können das Buch auf unterschiedliche Art und Weise handhaben, denn in ihm stecken zwei Bücher:

Erstens: Dieses Buch ist ein spannendes, auch amüsantes, vor allem jedoch informatives »Lese«-Buch für alle, die sich darum bemühen, im Familienalltag gut über die Runden zu kommen. Die ihren Kindern eine brauchbare Erziehung mit auf den Weg geben, die das Familienleben genießen und vor allem als Bereicherung erfahren möchten und nicht als nervigen Kraftakt.

In diesem Buch finden Sie die klassischen Themen, die zu Hause eine Rolle spielen. In jedem Kapitel geht es um Nähe und Abgrenzung, um die Schwierigkeiten, die verschiedenen Bedürfnisse sämtlicher Familienmitglieder im Blick zu haben, und die Kunst, die Balance zu halten und den goldenen Mittelweg zu finden zwischen *zu viel* Zuwendung und *zu wenig* Engagement für die Belange des Nachwuchses.

Wenn Sie dieses Buch hintereinander weg lesen, merken Sie schnell,

- dass den meisten typischen Konflikten zwischen Kindern und Eltern die immer gleichen Muster zu Grunde liegen,
- dass die unterschiedlichen Probleme, die zu Hause anfallen, deshalb auch auf ähnliche Art und Weise zu lösen sind – unkompliziert und wirkungsvoll.

  Der Erfolg stellt sich ein, wenn Sie die Lösungsmodelle – und das sind nicht mehr als ein paar Punkte – wie dick unterstrichene Merksätze im Kopf haben,
- dass die Konfliktlösungen greifen, wenn die Basis stimmt und Eltern ihren Kindern das geben, was sie brauchen: Liebe, Zuwendung, Vertrauen und viel Verständnis,
- dass Humor und Selbstdistanz die besten Erziehungsratgeber sind.

Zweitens: Dieses Buch eignet sich als Feuerlöscher, wenn in der Familie Brennpunkte aufflackern und die Kinder ganz normale Schwierigkeiten machen. Es ist als Nachschlagewerk zu gebrauchen:

- *als Beruhigungsmittel*, wenn sich Mütter oder Väter mit ihren Problemen allein gelassen fühlen und Rückhalt brauchen,
- *als Ratgeber*, wenn sie in einem Konflikt stecken und nach einer Lösung suchen.

Hier können Sie sich mit Hilfe des Inhaltsverzeichnisses und des Registers schnell informieren und praktische Ratschläge holen für Konfliktsituationen, die allen Eltern bekannt sind.

Wer dieses Buch benutzt, wer sich auf die Merksätze konzentriert, die darin beschrieben sind, kann viele Familienkonflikte entschärfen und so ein Stück der Sicherheit und Gelassenheit gewinnen, die das Leben mit Kindern aller Anstrengung zum Trotz zur großen Freude machen kann.

Cornelia Nitsch

Ganz schön patzig!

Die Vierjährige sitzt im Kinderzimmer auf dem Boden und setzt sich in den Kopf, ihre Mami müsse auf der Stelle Zeit für sie haben, um mit ihr dicke bunte Holzperlen auf eine Plastikschnur zu fädeln. Sie zitiert ihre Mutter mit einem herrischen »Komm« herbei. Als die Mami auf sich warten lässt, steht das Prinzesschen auf, wetzt in die Küche, baut sich vor seiner Mutter auf, stampft mit dem Fuß auf und poltert im Befehlston los: »Komm jetzt!« – »Ganz schön patzig und resolut, die Kleine«, denkt sich die Mutter und sagt: »Gleich komme ich. Du musst noch ein Momentchen warten, ich will erst noch die Spülmaschine ausräumen!«

Geduld aufbringen – nichts für Kinder

Warten, immer warten – wer mag das schon? Diese Vierjährige jedenfalls nicht. Deshalb wechselt sie, pfiffig, wie sie schon ist, die Taktik, um ans Ziel ihrer Wünsche zu gelangen. Geschickt verlegt sie sich nun aufs Betteln: »Bitte, Mami!« Und als die Mutter nicht gleich dahinschmilzt, nicht sofort den flehenden blauen Kinderaugen nachgibt, ist die Beherrschung der Tochter am Ende. Die Kleine tanzt wie ein Rumpelstilzchen durch die Küche und kreischt: »Ich will aber, dass du jetzt kommst!« In ihren Augen hat sich die liebe Mami längst in eine böse Mami verwandelt – in ein gemeines Wesen, das einfach nicht nach ihrer Pfeife tanzen will. Die Mutter lässt schließlich ihre Spülmaschine Spülmaschine sein und schaut der wütenden kleinen Dame mit sehr gemischten Ge-

Immer gleich springen, wenn Kinder Wünsche haben, um ihnen damit größeren Frust zu ersparen? – Lieber nicht. Zuwendung ja, aber in der richtigen Dosierung.

fühlen bei ihrem Zirkus zu: ein bisschen amüsiert, ein bisschen ärgerlich, vor allem aber ratlos. Wie sich verhalten, wenn ein Kind partout nicht warten mag? Wenn es seinen Kopf durchsetzen will und wütend darauf besteht, seine Bedürfnisse hätten unbedingten Vorrang? Wenn es schreit oder frech wird und wie ein Rohrspatz schimpft?

Was tun?

1. Die überzogene Forderung, die Großen müssen stets sofort Zeit für mich haben, dürfen Eltern nicht dulden. Ihre Devise sollte lauten: Ich muss möglichst konsequent bleiben, und das bedeutet, mit dem Rumpelstilzchen ein klares Wort zu reden: »Du musst ein Weilchen auf mich warten, weil ich erst noch etwas erledigen will. Danach habe ich Zeit für dich!«
2. Tobt das Rumpelstilzchen dennoch weiter, ihm deutlich sagen: »Ich lasse mich nicht von dir beschimpfen!«
3. Die eigene Betroffenheit schildern: »Wenn du mich beschimpfst, fühle ich mich mies und bin traurig!«
4. Lässt sich die junge Dame nicht beeindrucken, sie ohne viel Worte schnappen und ins Kinderzimmer expedieren. Tür zu. Abwarten, bis sie sich beruhigt hat. Krakeelt sie weiter herum, Kontakt halten und ihr durch die geschlossene Tür zurufen: »Wenn ich fertig bin, komme ich zu dir!«
5. Später noch einmal auf das Problem zurückkommen und die eigene Haltung erklären: »Ich verstehe deine Wünsche. Aber auch ich habe bestimmte Vorstellungen, und die sind ebenfalls wichtig. Und mein Wunsch war es, erst einmal die Spülmaschine auszuräumen und danach mit dir zu spielen!«

Verwöhnen – nur in kleinen Portionen?

Dauerndem Bitten und Betteln, Jammern, Wüten und Fordern sind Eltern oft nicht gewachsen. Sie kapitulieren vor der geballten Energie ihres Kindes und gehen auf seine Wünsche ein. Das hat unterschiedliche Gründe:

- *Sie möchten sich Stress ersparen* und erklären: »Bei Kraftproben ziehen wir sowieso den Kürzeren. Deshalb geben wir lieber gleich nach und gehen damit einem Streit aus dem Weg!«
- *Sie sind unsicher* und sagen: »Wann sollen wir nachgeben, wann einen Schlusspunkt setzen – was ist zu viel, was zu wenig Zuwendung?« Oft fällt es schwer, einen eigenen Weg zu finden.
- *Sie lassen sich vom Charme betören* und entschuldigen sich halb amüsiert: »Wer kann schon dem Flehen eines selbst in seiner Wut noch so bezaubernden Geschöpfs widerstehen?«
- *Sie wollen ihr Kind schützen*, es so lange wie möglich vor den Unbilden des rauen Lebens bewahren. Deshalb springen sie für ihren Nachwuchs, wann immer es verlangt wird, und sagen: »Das bisschen Verwöhnung kann nicht schaden. Später wird das Leben hart genug – dann kann unser Kind das Verzichten immer noch lernen!«
- *Sie möchten sich positiv absetzen* von dem restriktiven Erziehungsstil, unter dem sie selbst als Kind gelitten haben, und gehen sensibel auf jedes Bedürfnis ein. »Bloß nicht über den Kopf unseres Kindes hinweg bestimmen«, heißt ihr Motto.

Eins ist gewiss: Geben Erwachsene Kinderwünschen allzu häufig umgehend nach, dann sind sie das lästige Bitten und Betteln vielleicht im Moment los und ersparen sich vorläufig Streit, die Schwierigkeiten werden später aber doppelt zurückkehren.

In der Verwöhnungsfalle?

Erfüllen Eltern die Wünsche immer umgehend – und damit sind nicht nur die emotionalen, sondern auch die materiellen Wünsche gemeint –, versorgen sie ihr Kind also über die Maßen mit Zuwendung, dann verwöhnen sie es nach Strich und Faden. Eine allzu große Verwöhnung hat negative Folgen. Denn überbehütete Kinder, die das Wörtchen Nein selten zu hören bekommen und permanent unterstützt werden, ohne um Hilfe zu bitten, sind wenig motiviert, Kompetenz zu entwickeln, Verantwortung zu übernehmen und erfolgreich zu erfüllen, was von ihnen verlangt wird. Der Grund: Die Vorstellung, dass an sie Erwartungen gestellt werden, ist ihnen ungewohnt, macht ihnen oft sogar Angst. Der Grund: Nach ihrer bisherigen Lebenserfahrung sind doch allein sie selbst berechtigt, Erwartungen an andere zu haben.

Wie können Eltern ihr Kind von seinen überzogenen Erwartungen wieder abbringen?

- *Den Spieß umdrehen,* klar machen, dass auch andere Wünsche haben und nicht alles immer nach seinem Wunsch verläuft.
- *Leistungen anregen* und Erfolgserlebnisse fördern; denn wer stolz ist auf sein Tun, ist auch bereit, sich selbst etwas abzuverlangen und alltägliche Anforderungen zu erfüllen. Sagen Eltern häufiger Nein, erwarten sie mehr Verzicht und Einsatz, dann kostet sie das zuerst zwar Kraft, Nerven, Zeit und Durchhaltevermögen, langfristig werden sich damit die Übel einer übergroßen Verwöhnung jedoch geben.

Geschwister – dauernd im Streit?

Eine klassische Situation: Zuerst herrscht Friede im Kinderzimmer, dann aus heiterem Himmel ein mordsmäßiges Getöse und Gekreisch. Ganz klar: Im Kinderzimmer ist die Hölle los. Die Rangen liegen sich in den Haaren und streiten – schon wieder! Die Mutter der beiden Kinder – sie hatte sich gerade einen Tee gekocht und es sich auf dem Sofa gemütlich gemacht, um endlich Zeitung zu lesen – lässt Tee Tee sein und Zeitung Zeitung, springt alarmiert vom Sofa auf, rennt stürmisch schnurstracks die Treppe hinauf Richtung Lärm und ruft, noch in der Tür des Kinderzimmers: »Müsst ihr euch immer streiten? Kann nie ein Momentchen Ruhe sein? Was ist nun schon wieder los?« Bruder und Schwester, völlig aufgelöst, mit knallroten Köpfen und funkelnden Augen, reden auf ihre Mutter gleichzeitig ein: »Der hat einfach meinen Hasen genommen und in die Ecke geschmissen!« – »Die hat mich gekratzt!« – »Aber nur, weil er mich ärgert. Außerdem hat er mich getreten!« – »Sie hat aber angefangen!«

Gebrüll ist ansteckend

Die genervte Mutter fährt mit einem »Warum kann ich nicht mal *einen* Moment Ruhe haben in diesem Haus!« dazwischen. Die aufgebrachten Kinder erwarten von ihr jetzt keine Jammertirade, sondern dass sie Schiedsrichter spielt und den Schuldigen an der Streiterei ausmacht. Weil ihr das Geschrei auf die Nerven geht und ihre Ruhepause dahin ist, gerät auch die Mutter der Streithähne in Rage – vor allem jedoch, weil sie sich durch die Rolle überfordert fühlt, die ihr die Kinder zuschustern. Deshalb gelingt es ihr nicht, gegenzusteuern. Sie gießt sogar noch Öl ins Feuer und schreit kräftig mit: »Dauernd dieses Gezanke! Immer nur Reibereien zwischen euch!«

Plötzlich rücken die Geschwister eng zusammen: Warum brüllt sie denn jetzt so? Wieso beschuldigt sie uns? Dann schreien sie gemeinsam zurück: »Wir streiten gar nicht immer!« Die Folge: Alles brüllt, die Anspannung wächst. Zu allem Überfluss wird der Jüngste nun auch noch in Schutz genommen. »Kannst du nicht Rücksicht auf den Kleinen nehmen?«, bekommt die ältere Schwester zu hören. Aufgeregt faucht die Schwester zurück: »Immer der Kleine – immer nimmst du ihn in Schutz!«

Was tun?

1. Zur Ruhe kommen. Tief Luft holen, durchatmen und nicht gleich reagieren.
2. Dann klar und möglichst sachlich Stellung beziehen: »Ihr streitet zu häufig und zu hart. Kratzen und Treten sind keine Mittel, sich auseinander zu setzen. Redet miteinander, statt euch wehzutun!«
3. Manchmal ein Wundermittel: Ein Streithähnchen rechts, eins links unter den Arm klemmen, mit den Kindern durchs Zimmer gehen und singen: »Ich hab euch lieb!« (Wütende Kinder lassen das nicht immer zu!)
4. Die eigenen Gefühle schildern, aber ohne Schuldgefühle zu wecken: »Wenn ihr euch in schreiende Monster verwandelt, erschreckt ihr mich. Und wenn ich dann mitbrülle, bin ich auch noch sauer auf mich selbst!«
5. Wenn möglich die Geschwister eine Weile trennen, bis sich die Wogen geglättet haben, und später mit jedem Beteiligten noch einmal einzeln über das Geschehene sprechen.

Wie viel Verständnis muss sein?

Wer mehrere Rangen daheim hat, weiß, dass Geschwisterstreit an der Tagesordnung ist. Häufen sich die Auseinandersetzungen jedoch, belasten sie das Familienklima – vor allem dann, wenn die Aggressionen über ein bisschen Zank hinausgehen und zum großen Familienthema werden –, dann sollte man schleunigst nach einer Lösung suchen. Eltern machen sich auch Sorgen, wenn die Streithähne aufeinander einprügeln: »Sind diese Kämpfe noch normal unter Geschwistern oder doch zu heftig? Wann müssen wir eingreifen, wann uns heraushalten – was können wir tun?«

Harmoniesüchtige Eltern

Viele Mütter und Väter haben ihre besonderen Schwierigkeiten mit dem Geschwisterstreit, weil sie Heile-Welt-Romantiker sind und sich friedliche, rücksichtsvolle Kinder wünschen, die sich gut verstehen und das möglichst von morgens bis abends. Diesen Wunsch äußern sie auch: »Geht doch liebevoller miteinander um! Vertragt euch bitte!« Der Appell wird selten erhört. Deshalb sollten Eltern ihre Erwartungen zurückschrauben, denn je intensiver sie auf ihre Rangen einreden, desto eher neigen diese dazu, die Ohren zu verschließen und zu signalisieren: Keine Lust, immer freundlich zu sein und fröhlich auf eure Erwachsenenwünsche einzugehen. Der Grund ihrer Verweigerung: die hohen Erwartungen, der ausgeübte Druck. Viele Kin-

In Konflikte sollten Eltern nur eingreifen, wenn ihr Kind anderen wehrlos ausgeliefert und eindeutig unterlegen ist und die Streithähne zu jung sind, um Konflikte allein zu lösen.

der reagieren allergisch darauf. Fühlen sich überfordert, ja überfahren und machen dicht.

Einen Schritt weiter kommen Eltern, wenn sie akzeptieren, dass Geschwister eben nicht nur – tagein, tagaus – zärtlich und verständnisvoll miteinander umgehen – so freundlich, wie sie es gerne hätten –, sondern oft ziemlich rüde. Realität ist: Die meisten zoffen sich häufig. Kein Wunder, denn Geschwister sind Rivalen, die mit Macht um die Liebe und Vorherrschaft in der Familie kämpfen. Dass sich Geschwister zanken, ist also normal – auch, dass sie sich mal zwicken und zwacken.

Die Auseinandersetzungen haben eine wichtige Funktion, denn bei ihren Kabbeleien erwerben Kinder wichtige soziale Fähigkeiten. Sie lernen zusammenzuhalten oder sich abzugrenzen. Zurückzustecken oder sich durchzusetzen. Sich zu streiten und wieder zu versöhnen. Ihre Gefühle füreinander schwanken: Mal haben sie Freude aneinander, mal gehen sie sich heftig auf den Geist.

Die Einzigartigkeit wahrnehmen

Aller Einsicht zum Trotz fällt es Eltern schwer, sich in die Reibereien möglichst nicht einzumischen, sondern sich stattdessen auf ihren Part zu konzentrieren, und der heißt:

- *Ausreichend Zeit haben.* Präsent sein, ansprechbar, mit den Gedanken dabei.
- *Zärtlich und interessiert sein* an den Kindern, damit sie sich geborgen fühlen, sie aber nicht mit Zuwendung überfüttern.

Gerade wenn Eifersucht im Spiel ist, will jedes Kind in seiner Individualität wahrgenommen und bestärkt werden: eine grässliche Erfahrung für jedes Kind, mit den Geschwistern über einen Kamm geschoren und nur im Trupp gesehen zu werden. Wunderbar dagegen, wenn Mutter und Vater versuchen, geduldig und ausdauernd auf jedes ihrer Kinder besonders einzugehen.

Wenn Rambos zum Geburtstag kommen

Geburtstagsfeier. Der Sechsjährige hat vier Freunde und eine Freundin aus dem Nachbarhaus zu seinem Fest eingeladen. Im Augenblick begibt sich die Gesellschaft in einen nahe gelegenen Park. Dort soll eine Schatzsuche stattfinden. Unterwegs rempeln zwei der Jungen das Mädchen an – einmal, zweimal, erst sanft, dann heftiger. Das Mädchen wehrt sich leise: »Lasst das doch!« Aber ihr vorsichtiges Aufmucken nützt nichts. Die Jungen machen's wieder. Pirschen sich an, knuffen sie, ziehen sie kurz und kräftig an den Haaren und stellen ihr ein Bein. Harmloses Geplänkel verwandelt sich in eine unangenehme Attacke.

Eingreifen oder lieber abwarten?

Die Mutter, gerade damit beschäftigt, den Herrschaften die Spielregeln für die Schatzsuche zu erklären und die Korona sicher in den Park zu geleiten, beobachtet die Störenfriede aus den Augenwinkeln und überlegt, was zu tun ist. Soll sie

- *einfach übersehen,* dass die beiden das Mädchen piesacken, und darauf vertrauen, dass es sich schon allein zu helfen weiß, wenn die Angriffe heftiger werden?
- *lieber eingreifen* und die Bürschchen gleich und vor den anderen zur Ordnung rufen – ihnen klar machen, dass ihr Verhalten inakzeptabel ist, dass sie sich beherrschen und entschuldigen müssen? Soll sie tadelnd dazwischentreten, auch auf die Gefahr hin, dass die Feststimmung kurze Zeit einen Dämpfer erhält?

Was tun?

Die Mutter ist sich ihrer Sache sicher: Alle haben beobachtet, wie rüde die Jungen mit der kleinen Freundin ihres Sohnes umgesprungen sind, und wissen, dass die beiden zu weit gegangen sind, das war mehr als eindeutig. Eine solche Situation darf man nicht einfach übergehen: Gerät ein Kind in Bedrängnis, weil es angegriffen oder schikaniert wird, sollten Erwachsene Stellung beziehen und den Angreifern eine Grenze setzen. Denn gebietet niemand den Rabauken Einhalt, dann glauben sie, so weitermachen zu können, fühlen sich vielleicht sogar in ihren Rollen als »robuste Jungen, die sich was trauen« bestätigt und meinen, sich besonders männlich zu verhalten, wenn sie ein Mädchen ärgern. Deshalb heißt die Lösung des Problems:

1. Stellung beziehen. Die Jungen ansprechen: »Ihr mögt es in Ordnung finden, Beine zu stellen und zu rempeln. Aber ich halte nichts davon, anderen wehzutun, und mag nicht zuschauen, dass ihr das Mädchen weiter angreift!«
2. Die Schatzsuche ein Weilchen vertagen. Stattdessen mit den Kindern kurz reden. Keine Standpauke halten, nicht schimpfen, sondern die vorangegangene Situation möglichst sachlich und kurz beschreiben und über das Geschehen sprechen – ohne erhobenen Zeigefinger. Das regt zum Nachdenken an und verdeutlicht: Schläger sind auf dem Holzweg, mit Rücksichtnahme und Einfühlungsvermögen kommt man weiter. Denn mit Typen, die ihre Mitmenschen gerne in Harnisch bringen und schnell zuschlagen, wollen andere nichts zu tun haben.

Bin ich ein gutes Vorbild?

Kinder übernehmen in der Regel das Wertesystem und Rollenverhalten, das ihnen zu Hause vorgelebt wird. So schlüpft mancher Junge in die Rolle des »obercoolen Mackers«, wenn er dafür Applaus von seinem Vater erhält, der ebenfalls ein Faible für die sehr raue Art von Männlichkeit pflegt. Und manch kleines Mädchen spielt besonders gekonnt das hübsche, hilflose Weibchen, wenn es von seiner Mutter in dieser Rolle bestärkt wird.

Identifikation mit Mutter und Vater

Egal wann und wo – Mutter oder Vater sind in der Regel Vorbild Nummer eins für ihr Kind. Die Jungen orientieren sich meist mehr am Vater, die Mädchen mehr an der Mutter. Im Kindergartenalter wollen Kinder vor allem bestimmte Eigenschaften der Großen übernehmen:

- »Ich möchte so gut singen können wie der Papa!«
- »Ich will mal so perfekt Auto fahren wie meine Mama!«

Eltern müssen nicht perfekt sein, um ein gutes Vorbild abzugeben. Sie sollten vor allem authentisch sein, damit das Kind ihr Denken und Handeln nachvollziehen kann.

Später ist es dann mehr – sie wollen nicht nur bestimmte Fähigkeiten kopieren, sondern von Kopf bis Fuß wie Mama oder Papa werden. Bewusst oder unbewusst übernehmen sie das Verhalten und die Meinungen, die Werte und Normen der Menschen, mit denen sie zusammenleben – vor allem wenn sie diese Menschen achten und lieben.

Diese Identifikation mit ihren Vorbildern hat eine nachhaltige Wirkung auf sie, zum Beispiel ob sie später Zivilcourage zeigen, rücksichtsvoll und kompromissbereit sind oder hilfsbereit gegenüber Schwächeren – nachhaltiger als alle gezielten Erziehungsversuche wie etwa das Loben und Tadeln, das Strafen und Belohnen, behaupten viele Psychologen. Die Identifikation ist an zwei wesentliche Vorbedingungen geknüpft:

- *Zum einen:* Das Verhältnis zwischen Mutter, Vater und Kind muss durch gegenseitige Anerkennung, durch Nähe und Liebe geprägt sein. Sind Mutter und Vater echte Vertrauenspersonen, orientiert sich ihr Kind an ihnen.
- *Zum anderen:* Unabdingbar für die Beziehung ist auch eine natürliche Autorität der Eltern. Ausschlaggebend ist dabei, dass sie bei Konflikten einen klaren Standpunkt beziehen. Dass sie eingreifen, wenn einer eindeutig zu kurz kommt, sich aber *nicht* einmischen, wenn der Nachwuchs seine Probleme selbst lösen kann.

Kinder wünschen sich starke Eltern

Ein Kind orientiert sich vor allem dann an Mutter und Vater, wenn deren Beziehung stabil ist und sie selbstsicher auftreten, weil sie auf ein klares Wertesystem zurückgreifen können. Das heißt: Friedliebende Eltern, die ein liebevolles und warmherziges Verhältnis zu ihrem Kind haben, die viel mit ihm reden und diskutieren, können in der Regel darauf bauen, dass sich ihr Kind zu einem ebenso friedliebenden Wesen entwickeln wird. Wer das Fühlen, das Denken, das Verhalten seines Kindes positiv prägen möchte, sollte deshalb den Blick nicht nur auf sein Kind, sondern vor allem auf sich selbst richten und häufiger die Frage stellen: »Wie gehe ich mit Menschen, mit meinem Leben um?«

Einfach wegnehmen, das gibt's nicht

Der Junge ist sechs Jahre alt. Das Mädchen sieben. Die beiden kennen sich aus der Schule. Am Nachmittag spielen sie im Garten. Das gemeinsame Vergnügen bekommt einen Knacks, als sich der Junge frech das kleine Fahrrad seiner Freundin schnappt und damit über die gepflasterten Wege im Garten kurvt – hin und her, ohne Ende. Sehnsüchtig wartet die Siebenjährige darauf, dass der Freund das begehrte Gefährt frei macht, denn sie möchte auch gerne ein paar Runden drehen. Sie äußert ihren Wunsch nachdrücklich: »Jetzt bin ich dran!« Nützt aber nichts. Der Junge überhört ihren Einwand einfach. Denkt nicht daran abzuwechseln und das Fahrrad auch mal seiner Freundin zu überlassen. Das Mädchen steht hilflos am Rande, kaut auf seiner Unterlippe und weiß nicht weiter.

Ihre Mutter beobachtet das Schauspiel vom Balkon aus. Sie überlegt, voller Mitleid mit ihrer Tochter, die nicht zum Zuge kommt, ob sie wohl eingreifen soll. Oder sich doch besser raushalten?

Erst überlegen, dann handeln

Aktiv werden, weil man das Minidrama ums Fahrrad, die Hilflosigkeit der kleinen Tochter nicht länger mit ansehen mag? Spontan in den Garten laufen, um den einen zurechtzuweisen und die andere in Schutz zu nehmen oder zu stärken – keine besonders gute Idee. Der Grund: Solche Aktionen beeindrucken Kinder wenig. Denn holt Mami für ihre Tochter die Kartoffeln aus dem Feuer, scheucht sie, kraft ihrer Autorität, das dickfellige Bürschchen vom Fahrrad, dann lernt keiner dazu. Die Tochter schämt sich vielleicht für ihre überaktive Mami, der Junge denkt: Fremde haben mir nichts vorzuschreiben.

Was tun?

1. Sich selbst befragen: »Macht der Konflikt vielleicht vor allem mir selbst zu schaffen, weil es mir schwer fällt zuzuschauen, wie hilflos mein Kind am Rande steht? Oder geht es wirklich um meine Tochter – geht es darum, dass sie sich in eine Sackgasse manövriert hat, aus der sie allein nicht wieder herausfindet?« Wer vor allem nach einem Ventil für seinen eigenen Ärger sucht, sollte sich lieber raushalten.
2. Eine weitere Überlegung anstellen: Ist das Mädchen in Gefahr, über die Maßen gepiesackt zu werden? In diesem Fall heißt die Antwort Nein, denn die Hartnäckigkeit des kleinen Freundes ist harmloserer Art.
3. Später mit der Tochter über das Nachmittagserlebnis in aller Ruhe und möglichst sachlich sprechen. Ein wichtiger Gesprächspunkt: Was kann eine Siebenjährige aus dem Konflikt ums Fahrrad lernen? Tipps, die weiterhelfen:
   – In Konfliktsituationen kann man einen Kompromiss ansteuern. In dieser Situation könnte er heißen: »Ich hole meine Uhr, dann stoppen wir die Zeit. Erst drehst du fünf Minuten lang deine Runden, danach bin ich an der Reihe!« Oder: »Ich fahre ein paar Runden auf dem Gepäckträger mit!«
   – Man gibt sich uninteressiert und wartet in Ruhe ab, was dann geschieht. Vielleicht verliert der Junge das Interesse am Fahrrad, wenn es nicht mehr so heiß umkämpft ist.

Lob – ein wahres Zaubermittel?

Gerät es in Not, versucht ein Kind nicht selten, seine Spannungen oder seinen Frust mithilfe eines besonders untauglichen Mittels aus der Welt zu schaffen: mit Gewalt. Greift es auf dieses Mittel zurück, werden Eltern hellhörig und wollen ihrem Kind helfen, friedliche Strategien zu entwickeln. Wie können sie ihren Nachwuchs dazu motivieren?

Erster Schritt: Immer wieder klar machen, warum Gewalt keine Probleme löst – weder in der Familie noch in der Schule und auch nicht zwischen den Völkern.

Zweiter Schritt: Nicht erst warten, bis das Kind in den Brunnen gefallen ist und es einen Fehler nach dem anderen macht, um dann mit Schimpfen und Strafen einzugreifen (was meistens wenig Aussichten auf Erfolg hat), sondern bereits im Vorfeld gegensteuern. Aber wie? Nicht an erster Stelle die Fehler des Kindes registrieren, sondern seine Stärken. Vor allem seine guten Seiten und seine Erfolge sehen und ansprechen, denn jedes Kind lechzt nach Lob, Zustimmung und Bewunderung. Es braucht Anerkennung, um glücklich und zufrieden, um selbstsicher und erfolgreich zu werden. Denn wer sich seiner selbst sicher ist, kann auf Gewalt verzichten.

Lob kann auch schaden

Lob sollte aber nicht beliebig nach dem Gießkannenprinzip, sondern gezielt verteilt werden, denn ein Kind wünscht sich ein gut überlegtes Lob, das ernst gemeint ist. Nicht wenige Erwachsene schießen hier über das Ziel hinaus und finden beim Loben nicht das rechte Maß. Sie übertreiben ihre Bewunderung und verwöhnen ihren Nachwuchs laufend mit Vorschusslorbeeren – häufig auch, um ihn bei guter Stimmung zu halten. Übertriebenes Lob schadet, weil es

- *blockiert:* Zu intensiv verabreicht, bringt Lob einen kleinen Knirps nicht unbedingt auf Trab, sondern lähmt seine Neugier, seine Leistungsbereitschaft, seine Aktivität. Denn gewöhnt daran, immer Lohn einzuheimsen, wenn er auch nur die geringste Leistung bringt, setzt er sich irgendwann nur noch dann in Bewegung, wenn ein Obolus in Form von Lob oder Belohnung winkt.
- *verzärtelt:* Wird jedes bisschen Erfolg über die Maßen beachtet und hochgejubelt, so überschätzt sich der Bewunderte bald selbst und entwickelt ein übertriebenes Selbstvertrauen, das mit der Realität nur wenig gemein hat.
- *verunsichert:* Spitze, wirklich gut, sagenhaft – jeder Dreikäsehoch freut sich über Loblieder. Wird er jedoch mit Dauerlob berieselt, denkt das Kind: Zu übertrieben, was die Erwachsenen mit mir veranstalten. Wird schon jede banale Kleinigkeit hochgelobt und nicht als Selbstverständlichkeit hingenommen, dann trauen sie mir doch eigentlich wenig zu.
- *Druck macht:* Wer an Dauerlob gewöhnt ist, entwickelt vielleicht aber auch die Vorstellung: Wenn sie mich so oft loben, zeigt das, dass sie viel von mir erwarten. Sie wollen mich anfeuern. Lobenswertes soll ich vollbringen – perfekte Leistungen, damit sie mir immer Anerkennung zollen können.

Dazu kommt: Eltern meinen bisweilen, es sei genug der Zuwendung, wenn sie ihr Kind intensiv und häufig loben, ermutigen und anerkennen. Aber Kinder brauchen mehr: Sie wünschen sich Vertraute, die sie um ihrer selbst willen lieben und ihnen Mut machen.

Beim Malen und Spielen keine Geduld?

Der Fünfjährige zieht mit einem dicken Pinsel Kurven übers Blatt, die Zähne zusammengebissen, die Lippen gespitzt, und müht sich konzentriert, mit dicker gelber Farbe ein großes Ungeheuer aufs Papier zu zaubern. Verflixt noch eins – das Vieh will einfach nicht gelingen. Der Junge ist unzufrieden mit dem quietschgelben Ungetüm, das grinsend vor ihm auf dem Papier hockt. In seiner Fantasie hat er sich das Tier anders vorgestellt. Viel bissiger!

»Mist!«, murmelt er, zerknüllt sein Werk und pfeffert das Blatt Papier wütend in die Küchenecke. Dann trommelt er mit den Fäusten so kräftig auf den Tisch, dass die Pinsel im Glas tanzen, heult dann laut wie ein Schlosshund los und schlägt mit den Füßen gegen ein Tischbein. Schließlich fegt er Pinsel und Wasserglas entschlossen vom Tisch. Das Glas zerspringt in Scherben. Gelbes Tuschwasser breitet sich auf dem Küchenfußboden aus, und mitten in der Pfütze liegen die Pinsel. Die Mutter schaut den enttäuschten, zornigen Künstler, die Glasscherben und die Pfütze auf dem Boden ratlos an. Wie soll sie reagieren, wie den Jungen zu neuem Schaffen motivieren?

Was tun?

1. Nicht lospoltern, sondern möglichst ruhig und gelassen bleiben – sagt sich leicht dahin, lässt sich aber, wenn ein Stöpsel von fünf Jahren ausrastet, zornig auf den Tisch eindrischt und nicht daran denkt weiterzumalen, alles andere als leicht in die Praxis umsetzen. Der Versuch lohnt aber, denn Erwachsene, die ruhig bleiben, machen Eindruck auf ein Kind.

2. Kurz auf das Malheur eingehen, um Mithilfe bei der Beseitigung bitten – »Ich beseitige die Scherben, du übernimmst den Rest!« – und sachlich, völlig unaufgeregt feststellen: »Wenn dir dein Bild nicht gefällt, gut. Aber das kann kein Grund sein, das Glas vom Tisch zu fegen!«
3. Das Kind nach dem gemeinsamen Aufräumen fest in die Arme nehmen, drücken und damit signalisieren: »Egal, was auch geschieht, ich mag dich!«
4. Später auf das Ungeheuer zurückkommen. Den Kleinen darin bestärken, sich wieder ans Werk zu machen. Ihn ermutigen. Aber wie?

Interesse zeigen

Das Ungeheuer aus der Küchenecke holen, das zerknitterte Papier glatt streichen, das Bild betrachten und einen Kommentar dazu abgeben: »Mir gefällt dein Ungetüm. Lebt es in der Wüste? So quietschgelb, wie es ist, hat es die ideale Tarnfarbe für die Sandwüste.« Vielleicht lässt sich der verhinderte Künstler so beruhigen, und es gelingt der Mutter, ihn zum Reden zu bringen. Zeigt sie Interesse am Bild, dann glätten sich die Wogen vielleicht wieder. Will sie wirklich mehr über das quietschgelbe Ungetüm erfahren, will sie wissen, *warum* ihm sein Bild nicht gefällt, ist der Junge bald getröstet. Als ein neues Blatt Papier vor ihm liegt, beginnt er von vorn, malt jetzt ein giftgrünes Ungetüm und ist zufrieden damit. Diesmal braucht er keine Ermutigung durch seine Mutter. Diesmal gelingt das Bild.

Motivieren – aber wie?

Aus lauter bunten Holzsteinen will er ein großes Haus bauen. Auf Anhieb will das Bauwerk leider nicht gelingen. Die Mutter, die ihrem Sprössling bei seinem Tun zuschaut, erhält flehende Blicke, die signalisieren: »Hilf mir!« Wie können Eltern ihre Kleinen anspornen, wie aus einer Sackgasse helfen, ohne gleich die Führung zu übernehmen? Das Zauberwort heißt: Motivation. Denn Kinder blühen auf, wenn sie Ermutigung erfahren. Und wie gelingt es, ein Kind geschickt zu ermutigen?

Erster Schritt: Egal, ob klein oder groß, jeder will von seinen Vertrauten wahrgenommen werden – nicht nur halbherzig, sondern richtig. Die Erwachsenen sollen

- mit ganzem Ohr und nicht nur nebenbei hinhören, wenn ein Knirps von der Schule erzählt,
- mit voller Aufmerksamkeit hinschauen, wenn das Kind aus der Schule nach Hause kommt und einfühlsam ergründen, wie es ihm geht.

Ein Kind motivieren – keine leichte Aufgabe, aber eine lohnende. Denn ein motiviertes Kind findet überall Nahrung für seine Neugier, es nimmt interessiert am Leben teil und das mitzuerleben macht Freude.

Zweiter Schritt: Jedes Kind will Aufmerksamkeit erregen – will sehen, dass es beachtet wird, spüren, dass echtes Interesse besteht, und dementsprechend verhält es sich dann auch:

- Telefoniert die Mutter und beachtet ihren Sohn nur wenig, macht er prompt Blödsinn. Das heißt: »Kümmere dich um mich!«
- Liest der Vater Zeitung und hat deshalb keinen Blick für seine kleine Tochter übrig, klettert die Kleine auf

seinen Schoß und zappelt so lange herum, bis er die Zeitung weglegt.

Hochzufrieden lächelt ein Kind, wenn die Erwachsenen ihm Beifall zollen:

- weil das Baby endlich seine ersten Schritte wagt,
- weil der Schuljunge nach langem Mühen ein Diktat ohne Fehler schreibt.

Motivieren heißt: Interesse zeigen

Mütter und Väter, die ihr Kind zu neuen Taten ermuntern möchten, sollten folgende Punkte beachten:

- *Zeit investieren.* »Ich muss gleich weg!« – einem Kind bitte nicht mit solchen Sätzen kommen. Da es selbst alle Zeit der Welt hat, kann es mit gehetzten Erwachsenen nur wenig anfangen – erst recht nicht mit Leuten, die es immer wieder auf später vertrösten nach dem Motto: »Dann bin ich für dich da!« Es freut sich dagegen über Menschen, die sich in Ruhe auf seine Beschäftigungen einlassen.
- *Interesse zeigen.* Ein Kind nicht mit einem schnellen Blick und einem schnöden »Toll« abspeisen, wenn es stolz wie Oskar zeigt, was es vollbracht hat, sondern wirkliches Interesse an seinen selbst gebauten Autos oder gemalten Hasen zeigen.
  Der zündende Funke springt aber nur über, wenn ein Kind spürt: Das Interesse ist echt. Mit Ich-tue-so-als-ob-Leuten kann es herzlich wenig anfangen. Heuchler werden durchschaut und kommen nicht gut an.
- *Mut machen.* Ein dickes Lob schmeckt einem Kind genauso gut wie Schokotorte. Ebenso süß wie ein Lob: Anerkennung. Die Mühe würdigen, die sich ein Kind beim Malen einer Blumenwiese, beim Turm bauen oder Leporello basteln gegeben hat, und es dann ermutigen weiterzumachen.

Fundgrube: Schubladen und Schränke

Das Telefonat mit der besten Freundin dauert schon eine ganze Weile, und es scheint wichtig zu sein, denn die Mutter einer dreijährigen Tochter vergisst vollkommen, dass die Kleine allein in der Küche werkelt. Erst nach Beendigung des Gesprächs nimmt sie die verdächtige Stille wahr, die in der Küche herrscht. Noch mit dem Telefonhörer in der Hand und unguten Vorahnungen wandert sie hinüber und sieht die Bescherung. Die Dreijährige hat sämtlichen Küchenkram aus zwei Schränken geräumt, sitzt hochzufrieden inmitten der Töpfe und Tiegel, Schöpf- und Kochlöffel und spielt versonnen mit einem Schneebesen auf dem alleredelsten Topf Schlagzeug. Sie staunt, als das ersehnte Lob »Das ist aber eine tolle Musik« ausbleibt.

Der Drang nach Selbstbestimmung

Natürlich weiß die Mutter, dass ihre kleine Tochter eine ordentliche Portion Freiheit braucht, um sich positiv zu entwickeln, denn beim Spielen sammelt sie schließlich wichtige Erfahrungen. Aber wenn sich die Experimente nicht mehr auf das Kinderzimmer beschränken, sondern die gesamte Wohnung vereinnahmt wird, wenn Mutters Schätze und Heiligtümer in Gefahr geraten, Kratzer zu bekommen oder zu Bruch zu gehen, dann empfindet sie das Treiben der Kleinen schon mal als Zumutung. Möbel, Geschirr, Sofakissen – nichts ist vor dem kleinen Mädchen und seiner Neugier sicher. Anstrengend – dieses kaum zu bändigende Bedürfnis, alles und jedes zu untersuchen und möglichst noch auseinander zu nehmen. Deshalb Verbote aufstellen? Schimpfend, ermahnend, auf Gehorsam pochend versuchen, ein Kind von den Schätzen in der Wohnung fern zu halten? Das Spielen aufs Kinderzimmer zu begrenzen? Keine gute Idee.

- *Entweder heißt die Botschaft*, die beim Kind ankommt: »Verkneif dir deine Neugier! Hier ist kein Platz für kleine Forscher!« Die Folge: Es verliert die Lust an seiner Entdeckerfreude. Passt sich an. Tut brav, was die Großen wollen, und gibt auf, seine originellen Ideen in die Tat umzusetzen.
- *Oder es macht daraus:* Die Großen wollen mich ärgern. Die Folge: Es wird aufmüpfig, denkt, wenn mich die Erwachsenen ärgern, ärgere ich sie auch. Und es sucht nach geheimen Wegen, seine Wünsche zu erfüllen.

Was tun?

1. Akzeptieren, dass ein Kind seine eigenen Vorstellungen, einen großen Freiheitsdrang und ein tiefes Bedürfnis hat, sich selbst zu erproben und zu verwirklichen. Es will die Welt erkunden – nicht nur den Bereich, den seine Eltern ihm zugestehen.
2. Mitspielen. Sich anstecken lassen von dem Spiel- und Experimentiertrieb des Kindes. Rückendeckung geben und vermitteln: »Es macht Spaß, mit dir neue Erfahrungen zu sammeln! Du kannst schon eine Menge!«
3. Auch mal Fünfe gerade sein lassen. Sich in Gelassenheit und Großzügigkeit üben. Es ist nun mal so, dass Kinder gerne Dreck machen, Chaos verbreiten und Dinge nicht immer so benutzen, wie wir es gerne hätten.
4. Nur dann eingreifen, wenn etwas wirklich gleich zu Bruch geht oder sich gefährliche Situationen anbahnen.

Selbstständigkeit – ja, aber wie viel?

Groß werden heißt, einen Intensivkurs hinter sich bringen in laufen lernen und Dreirad fahren, in Türme bauen und Bilder malen, in Freunde suchen und mit den Jungen auf der Straße klarkommen. Mutter und Vater sind in den ersten Jahren immer dabei – unentbehrlich als Ratgeber und Beschützer. Schon bald bekommen sie jedoch zu spüren, dass ihr Kind nicht nur auf Nähe aus ist, sondern frühzeitig seine Eigenständigkeit erproben will. Kaum auf den Beinen und der ersten Worte mächtig, meldet sich sein Freiheitsdrang. Deutlich gibt es seinen Vertrauten zu verstehen: Ich will nicht nur an der Hand geführt werden, sondern meinen Radius selber erweitern. Mit jedem Jahr, mit jedem Fortschritt in seiner Entwicklung wächst sein Wunsch nach Unabhängigkeit. Es fordert mehr Rechte, und den Satz »Kann ich alleine« bekommen Eltern nun immer häufiger zu hören.

Festhalten, loslassen – ein Balanceakt

Endlich selbstständig werden – die meisten Kinder freuen sich darauf. Viele Eltern begleiten diesen Prozess dagegen mit Bangen, sind unsicher, fürchten Gefahren und wissen nicht, wie sie ihr Kind davor schützen sollen. Sie müssen sich darin üben, einen Drahtseilakt zu bewältigen, sollen

- ihren Sprössling loslassen,
- ihn gleichzeitig aber auch behüten.

Diese Gratwanderung zu bewältigen fällt schwer. Die sechsjährige Tochter allein quer durch den Ort zur Freundin laufen oder den fünfjährigen Sohn ein Stündchen allein zu Hause lassen? Was heißt – zu viel oder zu wenig Freiheit? Eltern müssen Grenzen ziehen, wenn ihr Kind mit Freiheit noch nicht umgehen kann: Wenn es

Kinder brauchen viel Zuwendung, damit es ihnen gut geht – Zuwendung, die viel Freiheit lässt für eigenes Tun und Treiben, für eigene Ideen und Freunde.

- *sich in Gefahr begibt.* Nicht einschätzen kann, ob die Treppe zu steil für Krabbelversuche oder der Weg zur Schule zu verkehrsreich ist.
- *Regeln nicht beachtet.* Nicht versteht, warum Schularbeiten zu erledigen sind oder das Kinderzimmer mal geputzt werden müsste.

Wie viel Selbstständigkeit verträgt ein Kind in welchem Alter – nur in wenigen Punkten legen allgemein verbindliche Normen das fest. Meistens entscheiden die Eltern, und sie müssen eigene Maßstäbe finden. Dabei hilft es, sich selbst zu befragen. Zählen sie

- *zu den zarten Gemütern,* die ihr Kind gern in Watte packen möchten, um es vor den Unbilden der Welt zu schützen (auch weil sie Angst um ihr Kind haben),
- *zu den forschen Eltern,* die ihrem Nachwuchs frühzeitig Selbstständigkeit verordnen, damit er bald auf eigenen Füßen stehen kann (auch weil sie damit mehr Freiheiten haben),
- *zu den übereifrigen Müttern und Vätern,* die Sohn oder Tochter dank vieler Vorgaben und Anregungen zu Hochleistungen bringen wollen (auch weil sie so ihren eigenen Ehrgeiz etwas befriedigen können),
- *zu den nachgiebigen Eltern,* die den Laden zu Hause laufen lassen und Ihrem Sprössling nur das Nötigste abverlangen möchten (auch weil man es selbst gern bequem hat)?

Wer sich selbst nicht nur diese Fragen beantwortet, sondern vor allem sein Kind liebevoll beobachtet, sich über seine Entwicklung im Klaren ist, dem fällt es nicht so schwer, die Gratwanderung zwischen *zu viel* und *zu wenig* zu bewältigen.

Mein Kind wehrt sich nicht!

Der Blonde, recht groß für sein Alter, kräftig und mit lebhaften braunen Augen, ist der King im Kindergarten. Er thront oben auf dem Klettergerüst und hat so seine Untertanen im Auge. Neben ihm schaukelt sein Adlatus, ein schmächtigeres Kerlchen, das gerade mit seinem großen Manitu flüstert. Gleich darauf klettern die beiden Bürschchen vom Gerüst, stapfen Richtung Sandkasten und scheuchen einen kleinen Jungen mit Lockenkopf, der gerade eine Burg gebaut hat, mit einem barschen »Hau ab!« zur Seite. Der Lockenkopf springt sogleich auf, als er die Bengel auf sich zukommen sieht, verlässt den Sandkasten schleunigst und bekommt dennoch zur Belohnung eins über die Rübe, und gleich darauf wird er noch in die Kniekehle getreten. Trotzdem gibt der Junge keinen Piep von sich. Weint nicht. Wehrt sich nicht. Er steckt die Attacken klaglos ein. Seine Mutter, die ihn gerade abholen will, schaut aus der Ferne zu. Natürlich ist sie entsetzt über die beiden rabiaten Kindergartenkollegen, aber auch über ihr Lämmchen von Sohn. Sicherlich, klar – sie hat ihm immer wieder eingetrichtert: Nicht zuhauen. Sei friedlich. Wenn's Streit gibt, verhandle mit den anderen. Trefft euch in der Mitte. Aber den Kopf einziehen – so war das nicht gemeint. Der Junge muss sich doch zur Wehr setzen. Warum lässt er sich alles gefallen von diesen beiden Grobianen?

Was tun?

1. Einschreiten, wenn Kinder sich prügeln und Erwachsene Zeugen der Rangelei werden. Die Angreifer zurechtweisen. Sie fragen, warum sie schlagen und treten. Darüber hinaus auch die Erzieherin bitten einzuschreiten, denn es ist vor allem ihre Aufgabe gegenzusteuern, wenn ein Kind im Kindergarten attackiert wird und eindeutig den Kürzeren zieht. Längst nicht alle Kinder können schon jetzt ihre Konflikte allein lösen – vor allem die kleineren, zarteren brauchen Unterstützung und Schutz.
2. Bei der Erzieherin nachfragen. »Welche Stellung haben die starken Rabauken in der Gruppe und welche Rollen die übrigen Kinder?« Gemeinsam überlegen, wie man die schwächeren Kinder ermutigen kann. Anregen, das Thema auf dem Elternabend zu besprechen.
3. Den eigenen Filius trösten, wenn er nicht mehr in Sichtweite der beiden Grobiane ist. Ihn fest in die Arme nehmen.
4. Mit dem Jungen reden. In ihm aber auch nicht länger ein wehrloses Lämmchen sehen, sonst fühlt er sich noch kleiner. Ihm unaufgeregt erklären, warum er lernen sollte, sich zu wehren, und was das heißt: Ich lasse mich nicht zum Opfer machen. Wehren kann man sich nicht nur mit Fäusten, sondern auch mit Worten. Vielleicht ist das die richtige Methode?
5. Häufiger mit dem Jungen auf einen Spielplatz gehen, damit er dort trainieren kann, seinen Platz einzunehmen und selbstbewusster aufzutreten.

   Das Selbstwertgefühl stärken. Interessen fördern, die das Gefühl der Unterlegenheit beseitigen – einen Mannschaftssport anregen.
6. Kinder nach Hause einladen. Die beiden Rabauken dazubitten, wenn alle damit einverstanden sind. Ziel der Aktion: Klimaverbesserung im Kindergarten.

Das Selbstwertgefühl stärken – aber wie?

Der Drang, sich in einer Gruppe zu behaupten, ist angeboren. Die Erwachsenen haben mühsam gelernt (oder sollten es jedenfalls gelernt haben), diese Sehnsucht nach Akzeptanz mithilfe friedlicher Mittel zu befriedigen – auch dann, wenn Spannungen vorhanden sind. Die Kinder versuchen, es ihnen nachzumachen. Weil sie aber noch weniger als die Großen fähig sind, sich ihre Wünsche mit friedlichen Mitteln zu erfüllen, etwa mit Hilfe von Diskussionen, gebrauchen viele ihre Fäuste, um sich durchzusetzen.

Manche von denen, die nicht mithalten können oder wollen, geben schnell auf, suchen auch nicht nach anderen Möglichkeiten, sich in der Gruppe zu behaupten, sondern fügen sich in die Opferrolle, vor allem Kinder, die in ihrer Familie wenig Gelegenheit haben, ausreichend Erfolgserlebnisse zu sammeln und das damit verbundene Selbstvertrauen zu entwickeln, geben nicht selten frühzeitig auf.

Mangelndes Selbstvertrauen

Welche Kinder leiden am häufigsten unter mangelndem Selbstvertrauen?

- *Kinder, deren Eltern* sich jahrelang, rund um die Uhr, um ihre Belange gekümmert haben. Die Folgen dieser Überbehütung: Es mangelt ihnen an eigenen Erfahrungen, denn sie mussten nie kämpfen, sich nie überwinden, da die Erwachsenen alle Probleme von ihnen fern hielten, um sie zu schützen, oder sie stellvertretend für sie lösten. Da diese Kinder das Erfolgserlebnis »Ich bin stolz auf mich, weil ich mich überwunden und etwas geschafft habe!« und das damit verbundene Glücksgefühl kaum kennen, können sie auch das Selbstvertrauen nicht entwickeln, das daran geknüpft ist.

- *Kinder, deren Eltern* mächtige Besserwisser sind, die selbst alle Fäden in der Hand behalten wollen. Die Riesenansprüche an ihre Kinder stellen. Klar, dass solche Eltern wenig von Selbstbestimmung halten. Diese Kinder haben wenig Gelegenheit, ihre eigenen Stärken kennen zu lernen, eigene Erfahrungen zu sammeln und zu erproben.
- *Kinder, deren Eltern* alle Probleme schön unter den Teppich kehren und die Streitereien zum Tabu erklären. Damit haben sie nur wenig Gelegenheit, sich in Diskussionen zu erproben und damit verknüpfte Erfolgserlebnisse zu sammeln, um entsprechendes Selbstvertrauen zu fassen.

Selbstständig können Kinder erst werden, wenn sie Selbstvertrauen entwickelt haben. Eine Voraussetzung dafür: Sie müssen in ausreichendem Maße soziale Erfahrungen sammeln dürfen.

Auch die Gene sind entscheidend

Ob Kinder vor Kraft strotzend auftreten oder sich schüchtern zurückhalten, hängt nicht nur von ihrer Erziehung und ihren Lebensumständen ab, sondern auch von ihrer Veranlagung. Temperamentvolleren Gemütern fällt es einfach leichter, sich richtig in Szene zu setzen, um ihre Belange zu kämpfen und voller Selbstvertrauen aufzutreten, als schüchternen Wesen, die einfach Probleme haben, sich selbstbewusst zu präsentieren. Daher sind Letztere besonders auf den behutsamen Rückhalt ihrer Eltern angewiesen, brauchen jemanden im Hintergrund, der sie vorsichtig anstubst und ihnen Mut zuspricht: »Mach mit. Du schaffst das schon. Wir trauen dir das zu!«

Warum fällt Nein sagen so schwer?

Schlecht gelaunt kommt die Elfjährige aus der Musikstunde nach Hause. Und warum so mieser Stimmung? Weil sie das Haus gleich wieder verlassen muss, denn sie hat eine Verabredung mit ihrer Freundin. Ein Kinobesuch steht an. Eigentlich hat die Elfjährige keine Lust auf Kino. Der Film soll nicht so besonders sein. Im Grunde würde sie lieber daheim bleiben, um mit den Eltern und Geschwistern zusammenzusitzen. Warum bleibt sie dann nicht, sagt die Verabredung einfach ab? Das Mädchen erklärt: »Wenn ich das Treffen absage, ist meine Freundin garantiert beleidigt!«

Um des lieben Friedens willen nachgeben?

»Nur um das zu vermeiden, kannst du doch nicht gegen deinen Willen eine Zusage machen. Du musst nicht nur auf die anderen und deren Wünsche schauen, sondern auch deine eigenen Bedürfnisse beachten und Nein sagen, wenn du lieber etwas anderes machen willst!«, gibt die Mutter zu bedenken. Sie kennt ihre Pappenheimer und weiß schon, was sie gleich von ihrer Tochter zu hören bekommt: »Ich wollte meine Freundin nicht enttäuschen!« Immer das Gleiche mit dem Kind, es tut genau das, was die anderen von ihm erwarten, mag sich nicht auseinander setzen und gibt nach, um des lieben Friedens willen, denkt sich die Mutter besorgt. Dauernd gerät ihre Tochter in Situationen, in denen sie eigentlich Farbe bekennen müsste und es so gut wie nie tut. Ängstlich ist sie darauf aus, die Erwartungen anderer zu erfüllen und Rücksicht auf deren Belange zu nehmen. Allen will sie es recht machen. Wann überlegt sie sich endlich mal, was sie selbst möchte und vertritt das dann auch. »Lass dich nicht ausnutzen. Du musst deinen Standpunkt vertreten und ihn durchsetzen!« – wie oft hat sie das ihrer Tochter schon gesagt. Bislang ohne jeden Effekt.

Was tun?

1. Das Kind nicht mit Ratschlägen bombardieren wie: »Setz dich durch!« Dann stellt das Mädchen die Ohren nämlich auf Durchzug oder fühlt sich noch mehr unter Druck gesetzt, die Vorstellungen anderer erfüllen zu müssen – diesmal die Erwartungen der Mutter.
2. Lieber von eigenen Erfahrungen in vergleichbaren Situationen erzählen. Zusammen nachdenken, warum es oft so schwer fällt, einen klaren Standpunkt einzunehmen und zu vertreten.
3. Gemeinsam überlegen, warum das Kind in diese Situation geraten ist und wie es aus der Sackgasse herauskommen kann.
4. Vorsichtig anregen, das Neinsagen zu üben. Die Wahrheit zu bekennen ist wichtig, weil es nämlich nicht in Ordnung ist, der Freundin Theater vorzuspielen! Deshalb lieber absagen mit der Begründung: »Ich mag heut lieber zu Hause bleiben statt ins Kino gehen. Tut mir Leid, dass ich erst zugesagt habe und jetzt absage, aber …« Das Absagen ist zwar unangenehm, muss aber sein.
5. Bekommt das Mädchen wegen seiner späten Absage Ärger mit der Freundin, braucht es Unterstützung. Wie erleichternd, wenn die Mutter dann Mut macht: »Klar, dass deine Freundin nicht gerade erfreut ist. Aber es war schon in Ordnung, dass du einen Rückzieher gemacht hast!«

Über Gefühle miteinander sprechen?

Erklärt ein Kind oft »Ich weiß nicht!«, »Ist mir egal!« oder sagt es »Ja«, obwohl es eigentlich »Nein« meint, heißt das nicht unbedingt, dass es keine Traute hat, sich mit anderen auseinander zu setzen, sondern kann auch bedeuten: Ich weiß wirklich noch nicht genau, was ich eigentlich will.

- *Will ich* mich nachmittags mit meinen Freundinnen treffen oder lieber nicht?
- *Möchte ich* überhaupt bei meiner Freundin schlafen oder lieber nach Hause gehen?

Manchem Jungen, manchem Mädchen fällt es schwer, Ordnung in seine Gedanken und Gefühle zu bringen, und das sowohl im Kindergarten- als auch im Schulalter und erst recht während der Pubertät. Was heute stimmig ist, erscheint morgen vielleicht in einem völlig anderen Licht. Es macht auch bisweilen Schwierigkeiten, mit den eigenen Stimmungen klarzukommen und eine angemessene Rangordnung aufzustellen:

- Was will ich?
- Was geht mir völlig gegen den Strich?

Den eigenen Standpunkt finden

Gerade weil Kinder heute sehr selbstbewusst auftreten und genau zu wissen scheinen, was sie wollen und was nicht, und auf ihre Rechte pochen, hat es ein nachgiebigeres, unsichereres Persönchen, das noch nicht genau weiß, wohin sein Weg führt, doppelt schwer. Wie können Mütter und Väter ihr Kind stärken?

Erster Schritt: Hilfreich sind Eltern, die ansprechbar und präsent sind – erreichbar für ihr Kind. Denn sie behalten seine Entwicklung im Auge, sie spüren, wann es mit sich und der Welt hadert, und können dann eingreifen: Sie können Rückhalt, Zärtlichkeit, Verständnis und Gespräche bieten.

Hat ein Kind zu wenig Selbstvertrauen, kann ein Grund darin liegen, dass seine Wünsche, seine Gefühle in der Familie zu wenig wahrgenommen werden.

Zweiter Schritt: Viele Kinder sind an Gesprächen mit ihren Eltern interessiert:

- über Menschen außerhalb der Familie, über deren Eigenschaften, Sehnsüchte und Bedürfnisse, deren Freuden und Ängste.
- über Familienmitglieder, über deren Wünsche und Erfahrungen.
- über die eigenen Lebenserfahrungen und Gefühle: Was gefällt mir und macht mich froh? Was belastet mich?

Über Gefühle sprechen – ein Lehrstück

Auch für Erwachsene sind solche Gespräche oft Neuland, denn viele haben sich bislang nie oder selten ausdrücklich mit ihren Gefühlen beschäftigt, und wenn doch, dann haben sie das vielleicht mit sich selbst ausgemacht nach dem Motto: Wie's da drinnen aussieht, das geht niemanden etwas an. Nicht nur die Kleinen, sondern auch die Großen profitieren also, wenn sie lernen,

- genauer hinzuschauen, sich selbst schärfer wahrzunehmen, eigene Empfindungen und Gefühle auszuloten,
- über Gefühle zu sprechen: offen, kindgemäß und ehrlich Erfahrungen auszutauschen.

Warum soll das nur so wichtig sein? Weil es Klarheit schafft, wenn man die eigenen Gefühle und Gedanken erforscht, sie in Worte fasst und anderen mitteilt. Die Folge: Ein Kind erkennt seine eigenen Wünsche, Hoffnungen und Grenzen besser.

Die falschen Freunde – was tun?

Es klingelt an der Tür. Als die Mutter öffnet, steht der Junge vom Haus nebenan draußen – und will seinen Freund zum Spielen abholen. Die Mutter des Jungen hört sein »Isser da?« nicht gern, denn dass ausgerechnet der unangenehme Rabauke aus dem Nachbarhaus der allerbeste Freund ihres Sohnes ist, begeistert sie nicht. Das Bürschchen ist ihr nicht geheuer. Die Gründe: Der Nachbarjunge

- genießt alle Freiheiten der Welt, denn seine Eltern sind reichlich mit sich selbst beschäftigt und haben nur wenig Zeit für ihren Sohnemann,
- bekommt viel Taschengeld, schmeißt mit dem Geld um sich – und das im Alter von gerade mal acht Jahren,
- spuckt die verrücktesten Einfälle aus – und wird deshalb vom eigenen Filius tief bewundert. Allerdings ziehen diese grandiosen Einfälle häufig einigen Ärger nach sich: Beschwerden von genervten Anwohnern aus der Straße, Briefe von verärgerten Lehrern.

Die Kinder trennen? – Gar nicht so einfach

Bevor sie den Jungen aus dem Nachbarhaus mit einem »Er hat keine Zeit!« oder »Die Schularbeiten sind noch nicht gemacht!« abwimmeln kann, kommt ihr Sohn auch schon herbeigesaust, ist schwuppdiwupp an ihr vorbeigeschlüpft und zur Haustür hinaus entschwunden. Aus dem Vorgarten kräht er: »Bin gegen sechs wieder da!« »So geht das nicht weiter«, denkt die Mutter, obwohl es schon seit Wochen so geht. »Ich werde etwas unternehmen müssen«, sagt sie sich, denn es gefällt ihr nicht, dass die beiden immer zusammen losziehen.

Keiner weiß, wo sie stecken und was sie wohl wieder treiben. Also einschreiten – aber wie?

Was tun?

1. Genau hinschauen, was sich abspielt. Wer hat das Sagen? Das Ergebnis der Beobachtung lautet meist: Der Nachbarsjunge. Er bestimmt, was gemacht wird. Weil er der Ältere, Selbstständigere, Kräftigere, Aktivere ist, imponiert er dem Kleineren mächtig, weil er auch so ein »Held« sein möchte. Heikel an der Beziehung: Der ältere Junge genießt es, Macht über den jüngeren auszuüben und einen treuen Gefolgsmann in ihm zu haben, der nach seiner Pfeife tanzt. Er nutzt diese Hörigkeit aus: Nötigt dem Freund Mutproben ab, die den Jungen überfordern. Zwingt ihn zu Spielen, die ihm Angst machen. Lässt sich von ihm anhimmeln.
2. Eingreifen, gegensteuern, weil der Sohn in eine gefährliche Abhängigkeit geraten ist und der Ältere die Macht genießt, die er über den Jüngeren hat. Aufgabe der Mutter ist es, das Selbstwertgefühl ihres Sohnes zu stärken. Ihn mit Extraaufgaben zu betrauen, um seine Selbstständigkeit zu fördern. Ihn viel zu loben (ein Langzeitprogramm!).
3. Nicht schimpfen und auch nicht den Freund verteufeln, aber klar die eigene Meinung äußern: »Die Art, wie der Junge mit dir umgeht, mag ich nicht. Und auch nicht, wie du dich ihm fügst. Er ist nicht der ›King‹, und du bist nicht sein Untertan!«
4. Die Eigenständigkeit des Sohnes fördern, viel mit ihm unternehmen. Die Freunde häufiger trennen. Die Trennung allerdings verträglich gestalten und mit viel Fingerspitzengefühl vorgehen.

Wenn Freunde falsche Vorbilder sind

Freunde werden oft zum Vorbild erklärt. Die Kinder orientieren sich an deren Stärken und Schwächen. Genießen, dass sie voranmarschieren, die Initiative ergreifen. Dass sie können, was sie selbst gern können möchten, sie bestens unterhalten, sie mit ihrer Fröhlichkeit, Vitalität und Lebensfreude anstecken, ihnen Halt und Stärke geben. Außerdem messen sie sich an ihnen: Erreichen sie selbst auch, was die anderen erreicht haben?

Extreme Vorbilder – heute gefragt

Eltern haben bisweilen Probleme mit den Freunden ihres Kindes – vor allem dann, wenn diese so gar nicht ihren Vorstellungen entsprechen und sie einen schlechten Einfluss vermuten. Wenn sie die Werte nicht kennen, die in deren Familie gelten. Aber vielfach erhöht genau das ihre Attraktivität in den Augen ihres Kindes.

Warum ist es so besonders reizvoll, Freunde zu haben, die nicht unbedingt dem Gusto der Eltern entsprechen? Weil diese Freunde mehr als nur Vertrautheit zu bieten haben, nämlich

- *einerseits* die Möglichkeit, sich mit ihnen zu identifizieren,
- *andererseits* die Möglichkeit, sich von den Eltern abzugrenzen.

Identifikation und Abgrenzung – dieses besondere Spannungsverhältnis beschäftigt Kinder und Jugendliche sehr stark: eine aufregende Erfahrung, beides in einem zu erleben.

Schon immer waren Kinder, vor allem aber Jugendliche darauf aus, sich deutlich von ihren Altvorderen zu unterscheiden. Einen eigenen Stil zu entwickeln – das ist ein wichtiges Thema beim Erwachsenwerden und heute alles andere als einfach. Denn kaum erfindet der Nachwuchs einen neuen Trend, kopieren ihn die Erwachsenen in ihrem Wahn, es dem Sohn oder der Tochter gleichzutun, weil sie selbst noch ebenso verspielt, so unbeschwert, so frisch und munter sein möchten. Damit verliert der neue Trend in den Augen des Nachwuchses an Reiz. Um sich von Mutter und Vater zu unterscheiden, greifen Kinder von heute deshalb zunehmend auf Extremes zurück – auf immer Lauteres, Schrilleres, denn alles andere ist längst schon von den Eltern besetzt.

Freunde einladen

Das Laute und Schrille, das sie suchen, haben oft gerade die Freunde zu bieten, die den Eltern ein Dorn im Auge sind:

- die Muskelprotze und Angeber-Rambos,
- die Kaugummi kauenden, cleveren Girlies.

Äußern die Erwachsenen dann ihre Skepsis, reagiert der Nachwuchs empfindlich mit einem »Typisch, dass ihr meine Freunde nicht mögt!«

Haben Kinder die »falschen« Freunde, lässt sich das Problem sicherlich nicht dadurch lösen, dass Eltern ihnen die richtigen suchen und aufschwatzen. Damit erreichen sie eher das Gegenteil. Mehr Erfolg haben sie damit, in der Familie eine gute Atmosphäre zu schaffen, die durch Offenheit, Humor und Toleranz geprägt ist. Großzügige, verständnisvolle Eltern, die an ihren Belangen interessiert sind, die gerne mit ihnen reden, ziehen Kinder an – nicht nur die eigenen. Dann kommen Freunde ins Haus, und das sind dann vielleicht die »richtigen« – aus Sicht der Erwachsenen.

Lassen Sie Ihrem Kind viel Freiheit, bieten Sie gleichzeitig ein gutes Familienklima, dann kommen die Kinder meist gerne nach Hause, auch die Freunde, und das sind dann meist die »richtigen«.

Dieses ewige Kabbeln und Kloppen!

Zwei Mütter sitzen im Sonnenschein auf der Terrasse, genießen das Leben, trinken Kaffee, plaudern und hoffen, dass sich ihre Sprösslinge, eine Vierjährige und ein Dreijähriger, allein vergnügen werden, damit sie ihre Ruhe haben.

Die Hoffnung trügt, denn es dauert nicht lange, und schon verwandelt sich das fröhliche Fangenspiel mit lautem Gejuchze, das die beiden auf dem Rasen veranstalten, in eine ziemlich wüste Balgerei. Erst liegt die Vierjährige strampelnd am Boden, bezwungen von dem Dreijährigen, der in Siegerpose auf ihr sitzt, sie festhält und sich kaputtlacht. Dann gelingt es dem Mädchen, sich zu befreien und den Jungen zu verhauen. Der Junge schreit daraufhin wie am Spieß – so herzzerreißend, dass die Mütter nicht länger wegschauen und weghören können, sondern sich den beiden Kontrahenten zuwenden müssen: »Was ist denn nun schon wieder los? Warum vertragt ihr euch nicht?« Ratlos schauen sie ihre Sprösslinge an.

Was tun?

1. Fragen wie »Was ist denn nun schon wieder los?« und »Könnt ihr euch nicht vertragen?« möglichst vermeiden, denn sie helfen nicht weiter. Auch Appelle wie »Reißt euch zusammen« werden gerne überhört und verpuffen einfach.

   Besser: Sofort, knapp und deutlich sagen, dass Hauen und wüste Balgereien nicht akzeptabel sind – so klar, dass die Kinder die natürliche Autorität ihrer Mütter spüren: Nur einen kurzen Satz sagen, ganz sachlich – das macht Eindruck. Der Satz signalisiert: Hier ist eine Grenze. Ihr wisst doch: Hauen ist streng verboten!

2. Die wüste Balgerei auf dem Rasen sofort beenden. Die Herrschaften trennen. Das Mädchen soll neben ihrer Mutter Platz nehmen, der Junge neben seiner Mutter. Den Kindern keine Aufmerksamkeit schenken, mit ihnen jetzt keine Auseinandersetzung führen, ihnen keine Strafpredigt halten, sondern sie einfach ein paar Minuten lang im eigenen Saft schmoren lassen. Weil das Herumsitzen langweilig für die beiden ist, sind die kleinen Rabauken wahrscheinlich zukünftig motivierter, friedlich zusammen zu spielen.

   Stillsitzen – eine Strafe für Kinder, die nachhaltig wirkt, denn Strafen, die in Zusammenhang mit dem Geschehen stehen, beeindrucken, weil sie nachzuvollziehen sind: Die Kinder kapieren schnell, dass es Folgen hat, wenn sie sich schlagen.

Wann Eltern eingreifen sollten

Das Stillsitzen währt nicht lange: Nach ein paar Minuten dürfen sich die beiden wieder trollen. Wiederholt sich die Klopperei, werden sie erneut getrennt. Warum ist Eingreifen in dieser Situation richtig? Weil jüngere Kinder noch unfähig sind, ihre Probleme und Konflikte allein zu lösen. Erst wenn sie älter sind, können sie versuchen, selbst damit fertig zu werden.

3. Zu einem späteren Zeitpunkt noch einmal mit jedem einzeln über die vorausgegangene Balgerei sprechen – ganz grundsätzlich und in aller Ruhe. Bereden, warum es mehr Sinn macht, Konflikte mit friedlichen Mitteln zu lösen oder Kompromisse anzusteuern, und geduldig erklären, was ein Kompromiss überhaupt ist. Irgendwann verstehen sie es.

Von den eigenen Sprösslingen lernen?

Viele Erwachsene sind heute von A bis Z und sehr bewusst gut organisiert, damit sie ihr dichtes Tagesprogramm bewältigen können. Weil ihr Leben nach Plan verläuft, immer mit Blick auf die Uhr, müssen Kinder ins Programm eingepasst werden – in einen Plan, der bei einer berufstätigen, allein erziehenden Mutter vielleicht so aussieht:

- *Morgens:* Mutter im Büro. Kind bei der Tagesmutter.
- *Nachmittags:* Kind von der Tagesmutter abholen. Zusammen einkaufen.
- *Abends:* Haushalt erledigen. Kochen. Kinderprogramm mit einer Runde Memory, Bilderbuch angucken, kurz durchs Fernsehprogramm zappen und dann Gute Nacht.

Immer nach Schema F. Es bleiben nur wenig Möglichkeiten, einmal spontan auszusteigen. Denn dazu reicht weder die Zeit noch die Kraft.

Immer nach Plan – nichts für Kinder

Mutter und Kind nehmen den Zeitdruck hin und funktionieren möglichst perfekt und merken vielleicht gar nicht, dass etwas Wesentliches fehlt. Denn funktioniert ein Kind immer perfekt und passt es sich den Bedürfnissen der Erwachsenen ständig an, kommen seine eigenen Wünsche zu kurz. Ist alles berechenbar, streng nach Plan und geordnet, dann langweilt es sich auf Dauer, denn solch ein durchorganisiertes Leben bietet nicht genügend kindgemäße Abwechslung. Es fehlen:

- *Freunde*, die plötzlich vor der Tür stehen und mit ihm spielen und das tun wollen, was die meisten Erwachsenen längst verlernt haben: kichern, gackern wie die Hühner, herumalbern und -hampeln, rückwärts sprechen oder wie ein Löwe brüllen.
- *Ereignisse*, die alle Pläne durchkreuzen: Eine spontane »Kuchenschlacht«, ein Besuch der Cousine – einfach so, ohne Anmeldung. Ein Fest ohne Anlass feiern. Kinder sehnen sich nach einem verspielten Leben, nach Träumen, die wahr werden, und sie haben Fantasien, die ihnen Flügel verleihen. Immer nur Alltag erleben, das ist aus ihrer Sicht ziemlich öde. Sie wollen Märchen erfinden von Tischen, die sprechen, von Bären, die singen, und von Kaffeetassen, die tanzen. Vor allem in der »magischen Phase«, im Kindergartenalter, sehen sie die Welt mit ganz besonderen Augen: Die Dinge, die Tiere – alle können sprechen, haben ein Eigenleben.

Mal total albern und unvernünftig sein

Später spielen sie die Narren, die sich alles erlauben können. Die übermütig, faul, bequem oder quirlig und quietschvergnügt sein dürfen, wenn ihnen danach ist.

Häufig werden sie durch die Erwachsenen in ihrer Lebensfreude mit einem »Sei doch vernünftig!« gebremst. Ach, wenn die Großen doch ab und zu unvernünftiger wären und statt »Stopp« zu rufen, sich einfach ankoppeln und fragen würden: »Kann ich mitmachen?« Denn hier haben sie die Chance, sich eine Scheibe abzuschneiden, wieder kurz so zu sein, wie sie als Kinder waren, und sich so zu fühlen wie einst: unbeschwerter, ohne festen Plan im Kopf, vergnügt und mit allen Sinnen bei der Sache – und sei es nur für Momente. Als Gegenpol zum Alltagsstress könnten sie es gut gebrauchen.

Und auch einem Kind tut es gut zu merken: Manchmal können die Erwachsenen auch *von mir* lernen, nicht nur ich von ihnen.

Kraftausdrücke einfach ignorieren?

Kindergartenbeginn. Im Flur wuseln Kinder, Mütter, Väter und Erzieherinnen. Mäntel werden aufgehängt, Straßenschuhe aus- und Hausschuhe angezogen. Ein munteres Stimmengewirr. Alle begrüßen sich, lachen, erzählen sich Neuigkeiten. Plötzlich tönt ein Vierjähriger, der gerade aus seinen Gummistiefeln steigt und sich dabei am Knie seiner Mutter festhält: »Den alten Wichser dort kenne ich!« Er zeigt auf den Vater einer Altersgenossin. Die strahlt ihn fröhlich an. Ihr Vater lächelt unsicher. Und die Mutter des Jungen wird feuerrot. Sie zischt: »Unmöglich. Das kannst du doch nicht sagen! Entschuldige dich auf der Stelle!« Der Mann winkt verlegen ab: »Kein Problem! Ist schon in Ordnung!« In Ordnung? – von wegen … Der Junge spürt sehr wohl, dass gar nichts in Ordnung ist. Der Mann guckt komisch. Mami ist immer noch knallrot im Gesicht, aufgeregt und ärgerlich. Zuerst lächelt der Vierjährige unsicher. Als seine Mutter wiederholt: »Entschuldige dich!«, beginnt er lauthals zu weinen. Als dann noch die Kindergärtnerin auf ihn einredet: »Was hast du dir denn dabei gedacht?«, geht das Weinen in Geschrei über. Der Vater verabschiedet sich schnell und sucht das Weite.

Was tun?

1. Wie immer in brenzligen Situationen heißt der erste Rat: Tief durchatmen. Nicht gleich lospoltern, sondern Ruhe bewahren.
2. Dem Geschehen nicht zu viel Aufmerksamkeit widmen. Zwei Gründe sprechen dafür, Gelassenheit zu bewahren:
   - Kinder stehen gern im Mittelpunkt des Geschehens. Wunderbar für sie, wenn sie Beachtung finden. Nur sind die Erwach-

senen häufig mit sich selbst oder mit anderen Dingen beschäftigt, und das wurmt so manchen Dreikäsehoch. Also muss etwas geschehen, ihre Aufmerksamkeit zu erreichen. Kraftausdrücke scheinen hier eine sehr brauchbare Methode zu sein. Wer lautstark »Kacke« sagt oder »Du Arsch!«, kann gewiss sein, Beachtung zu finden, und ist somit vorerst einmal am Ziel seiner Wünsche.

– Kinder fühlen sich den Erwachsenen unterlegen. Daher ist es für sie interessant zu beobachten, dass diese so erhabenen, allmächtigen Erwachsenen aus dem Lot geraten, wenn man ihnen mit diesen ganz bestimmten Ausdrücken kommt. Dann verlieren sie richtig ihre Fassung. Das zu beobachten ist ein Riesenspaß für manchen kleinen Stöpsel, der dabei innerlich gleich um einige Zentimeter wächst und kurzzeitig das lästige Gefühl los ist, immer nur der Kleine, der Unterlegene zu sein.

Natürlich ist es spannend auszuprobieren, ob den Erwachsenen wirklich zuverlässig der Hut hochgeht, wenn man sie mit Kraftausdrücken konfrontiert. Wie enttäuschend, wenn sie dann gar nicht dramatisch und laut darauf reagieren. Bleiben sie gelassen, dann verliert dieses Spiel schnell seinen Reiz.

3. Man sollte kein großes Theater machen, sondern einfach darüber hinweggehen, wenn ein Kind in Stresssituationen Wörter benutzt, die nicht gerade erwünscht sind. Es ist besser, erst dann mit ihm zu reden, wenn bei jeder Gelegenheit Wörter wie »Scheiße« oder »Arschloch« benutzt werden. Dann jedoch sehr deutlich darauf hinweisen, dass solche Ausdrücke nicht angemessen sind. Das durchzusetzen ist ein Langzeitprogramm! Besonders abfällige Schimpfwörter sollten allerdings zum Tabu erklärt werden.

Eine verrohte Sprache – ganz normal?

Wenn ein Kind plötzlich mit Kraftausdrücken um sich wirft, schrillen bei den Eltern die Alarmglocken: Woher kommt das nur auf einmal? Wieso diese Verrohung der Sprache, wieso diese neue Vorliebe, sich unmögliche Wörter erst auf der Zunge zergehen zu lassen, um sie dann ganz locker und gezielt in den Familienalltag zu ballern? *Von uns* kann der Junge diese Vorliebe nicht abgekupfert haben, denken sich die Eltern, denn in der Familie benutzt kein Mensch solche Wörter. Nun ja, »Scheiße« vielleicht bisweilen ..., aber mehr doch nicht. Außer dem Missetäter sagt hier niemand »Arschbacke« zum kleinen Bruder oder gar »Ficker«. Hören andere Erwachsene dabei zu, denkt oder sagt so mancher: Was sind denn das für Eltern ...? Die Erziehung dieses Schätzchens lässt zu wünschen übrig!

Wieso verroht die Sprache?

Die angeprangerten Eltern wehren sich natürlich meist ganz zu Recht:

Erstens: Bevor es in den Kindergarten kam, sprach ihr Kind noch »ganz gesittet« und kannte keines dieser Wörter. Der Grund: Der Wortschatz eines Kindes spiegelt bis zum Kindergartenalter den Umgangston wider, der zu Hause üblich ist.

Zweitens: Erst nach Eintritt in den Kindergarten gewöhnte sich der Nachwuchs die ersten deftigen Kraftausdrücke an, also ist es nahe liegend, dass da ein Zusammenhang besteht. Der Grund: Mit dem Eintritt in den Kindergarten erweitert sich der Horizont eines Kindes, und damit erweitert sich auch sein Wortschatz. Es kommen neue Anregungen durch die Gruppe hinzu. Das Kind trifft Altersgenossen, die anders sprechen, als bei ihm zu Hause gesprochen wird, und die locker sagen: »Du blöde Sau, du!« oder »Du Affenarsch!« Diese »neuen« Ausdrücke werden übernommen und getestet: Mal gucken, was sich damit erreichen lässt! Auf jeden Fall klingen Kraftausdrücke interessant – aufregender als die zu Hause üblichen Wörter. Das Ganze ist also ein reizvolles Spiel mit Sprache.

Bis zum Eintritt in den Kindergarten orientiert sich ein Kind an der Sprache der Eltern. Danach lässt es sich von anderen anregen: von den Kindern im Kindergarten, auf dem Spielplatz, auf der Straße und natürlich auch vom Fernsehen.

Fazit: Viele Kinder bringen die garstigen Ausdrücke wirklich aus dem Kindergarten mit, das bedeutet aber nicht gleich, dass dort besonders rüde Grobiane unseren kleinen Unschuldslämmern Unflätiges beibringen. Die meisten Kinder kennen die saftigen Ausdrücke längst: von der Straße, vom Spielplatz oder aus dem Fernsehen. Auf die Idee, diese Wörter von sich zu geben, kommen sie vor allem, weil sie jetzt in einer neuen Entwicklungsphase stecken: Ihr aktiver Wortschatz nimmt zu. Da kommen ihnen Kraftausdrücke gerade recht, denn sie klingen nicht nur bildhaft und spannend, sondern erregen obendrein viel Aufmerksamkeit.

Unflätige Wörter benutzen: ein Spiel

Viele Drei- oder Vierjährige haben übrigens keinen blassen Schimmer, was manche Wörter, mit denen sie jonglieren, eigentlich be deuten: Sie begreifen Doppeldeutigkeiten noch nicht. Nach einer Weile lässt die Freude am Experimentieren übrigens nach. Besonders schnell wird das Spiel mit den Wörtern langweilig, wenn sich die Familie in Gelassenheit übt.

»Mami ist eine doofe Ziege!«

Teestunde am Nachmittag. Oma und Opa sind zu Besuch. Alle, auch der kleine Steppke von Sohn, sitzen rund um den Tisch, schlürfen Tee und mümmeln trockenen Nusskuchen. Plötzlich stellt der Filius lautstark fest: »Der Kuchen schmeckt kacke!« Oma und Opa schauen pikiert auf ihre Teller. Mama kräuselt die Stirn und sagt: »Was soll das denn?« Der Kleine legt nach: »Halt die Klappe, doofe Ziege!« Das kann der Junge doch nicht ernst gemeint haben? Hat er aber. Und er grinst auch noch unverschämt. Die Mama schnappt sich ihr Söhnchen, stellt es mitten ins Zimmer und redet ihm eindringlich ins Gewissen: »Du kannst doch nicht einfach doofe Ziege zu mir sagen!« Und ob er das kann. Der Vierjährige kann noch viel mehr. »Du Arschloch!«, zischt er und schaut sie dann unter seinem dichten blonden Pony hervor aus den blitzblauen Augen erwartungsvoll und provozierend an.

Was tun?

1. Nicht an die Großeltern denken, die immer noch peinlich berührt auf ihre Kuchenteller starren und sicherlich einmal mehr denken: Sie kommt mit ihrem Gör nicht klar. Die immer meinen, besser zu wissen, was Kindern gut tut und wie sie erzogen werden müssen. (Miterzieher machen die Sache nie leichter!) Sich also nicht unter Druck setzen lassen und gleich schimpfend loslegen, sondern erst einmal tief Luft holen, ruhig durchatmen und dann erst handeln.
2. Dem Kind in möglichst ruhigem Ton kurz erklären: »Ich will nicht, dass du so mit mir sprichst!«
3. Kinder lernen bald, dass Sprache ein Machtmittel ist, dass sie mit Worten verletzen können – genau wie mit einem Tritt

gegen das Schienbein. Zielen sie bewusst darauf ab, anderen wehzutun, lassen sie ihren Aggressionen freien Lauf und wollen sie ganz gezielt provozieren, dann ist es wichtig, einen klaren Stopp zu signalisieren:

Das Bürschchen unter den Arm klemmen und aus dem Zimmer expedieren. Ihm eine Auszeit von ein paar Minuten im Kinderzimmer verordnen: »Da hast du Zeit zum Nachdenken!«

4. Den eigenen Ärger nicht zu deutlich zeigen, denn damit verstärkt sich die Lust an der Provokation vielleicht noch mehr – nach dem Motto: Wunderbar, Ziel erreicht! Mal schauen, ob's beim nächsten Mal wieder so klappt.

Genau hinsehen, Geduld aufbringen

Darüber nachdenken, warum der Junge gerade heute seine Mutter als doofe Ziege bezeichnet.

– *Ist ihm eine Laus über die Leber* gekrochen, braucht er ein Ventil?

– *Warum will er provozieren?*

– *Ist die Beschimpfung die Regel* oder die Ausnahme? Beschimpft ein Kind Mutter und Vater häufig, so kann das ein Hinweis darauf sein, dass es unter irgendeinem Druck steht und die Wörter zum Dampf ablassen herhalten müssen.

– *Das eigene Verhalten überprüfen.* Wie gehen die übrigen Familienmitglieder miteinander um? Wer seinen Nachwuchs als »Schlaffi« oder »Kindskopp« bezeichnet, muss sich nicht wundern, wenn ähnlich rüde Bezeichnungen zurückkommen.

Grenzen setzen – aber wie?

Gut sollen es unsere Kinder haben. Und gut geht es ihnen dann, wenn sie viele Freiheiten haben und durch Gebote und Verbote nicht zu stark eingeengt sind – davon sind viele Eltern überzeugt. Sie nehmen Rücksicht auf die Wünsche ihres Kindes und erfüllen sie gern. Es darf auch vieles schon selbst entscheiden:

- *Als Dreijähriges,* ob es Mittagsschlaf halten will oder nicht.
- *Als Vierjähriges,* ob es bei Freund Tommy schlafen möchte oder lieber im eigenen Bett.
- *Als Fünfjähriges,* ob es in den Turnverein möchte oder nicht.
- *Als Sechsjähriges,* ob es die Hausarbeiten nach dem Mittagessen oder lieber gegen Abend erledigen will.

Selbstbestimmung ist wichtig, deshalb werden Kinder heute schon früh zur Selbstständigkeit erzogen. Manchmal muss die Freiheit allerdings Grenzen haben. Leicht fällt es Eltern, diese Grenzen zu setzen, wenn die Gesundheit ihres Kindes in Gefahr ist:

- *Wenn die Herdplatte heiß ist* und der Zweijährige Richtung Herd marschiert, wird er gestoppt: »Halt, nicht weiter!«
- *Für den Schulweg* bekommt die Sechsjährige noch mit auf den Weg: »Die Straße nur an der Ampel überqueren!«

Unsichere Eltern ungern Nein

Schwerer fällt es Eltern, Grenzen zu ziehen, wenn eine Situation weniger eindeutig ist und sie unsicher sind, wo Wohl und Wehe ihres Kindes liegen:

- *Auf dem Klettergerüst.* Darf ein Vierjähriger allein herumklettern?
- *In den Ferien.* Darf eine Vierzehnjährige allein mit der Freundin in den Urlaub fahren?

Da sie unsicher sind, geben viele Eltern den Wünschen ihres Kindes nach:
– weil sie großzügig sein wollen.
– weil sie sonst wenig Zeit haben.
– weil sie zu müde sind vom Tagesprogramm und keine Kraft mehr haben, sich mit Kind und Kegel auseinander zu setzen.

Eltern, die klare Überzeugungen haben und durch ihre natürliche Autorität auf allzu große Strenge verzichten können, geben ihren Kindern ein Gefühl von Sicherheit.

Eine klare Linie fahren

Natürlich genießen es Kinder einerseits, an der langen Leine laufen zu können. Sie sehnen sich andererseits aber auch nach klaren Vorgaben, denn Freiheit pur kann Angst machen. Für viele ist das Leben einfacher, wenn ein roter Faden vorgegeben ist, an dem sie sich orientieren können. Studien haben ergeben, dass Kinder zufriedener sind und mehr Selbstvertrauen entwickeln, wenn ihnen die Eltern klare Grenzen setzen: da, wo es sein muss. Und wo *muss* es sein?

Ein fertiges Konzept für alle Lebenslagen gibt es nicht, weil jeder Vater, jede Mutter, jedes Kind besondere Eigenarten hat. Deshalb muss jeder, der mit Kindern lebt, selbst herausfinden, was er zulassen, was er verbieten und wofür er die Verantwortung übernehmen kann. Es gibt nur wenige allgemein verbindliche Normen, auf die man zurückgreifen kann. Wer jedoch sein Kind als Partner respektiert, deckelt es nicht unnötig, sondern setzt ihm nur wenige, wohl überlegte Grenzen. Wichtig ist es, später auch Konsequenz an den Tag zu legen: Wer einmal Nein gesagt hat, sollte möglichst bei dem Nein bleiben.

Trödeln, was das Zeug hält

Eine klassische Alltagssituation: Mit schnellem Blick auf die Uhr kniet die Mutter vor ihrem vierjährigen Filius, der, noch im Schlafanzug, auf der Treppe hockt und in aller Seelenruhe seine Hausschuhe auszieht. Der Junge denkt nicht daran, sich flugs anzukleiden oder sich helfen zu lassen und will sich schon gar nicht beeilen. Er verkündet gebieterisch: »Mach ich allein!« Von seiner nervösen Mutter, die Druck macht – »Nun komm schon!« –, lässt er sich nicht stören. Natürlich weiß der Kleine um den morgendlichen Zeitdruck, natürlich hört er die vielen Ausrufezeichen und spürt, wie angespannt und unglücklich seine Mutter ist, aber das bedeutet noch lange nicht, dass er sich sputet, denn echte Gemütsathleten lassen sich nicht aus der Ruhe bringen. Sie trödeln unbeirrt weiter, denn die Zeit, die vergeht, ist ihnen schnurzegal. Vierjährige haben noch keinen Begriff von den kostbaren Minuten, die verrinnen. Weil die ungeduldige Mutter inzwischen auf 180 ist, lässt sie Dampf ab und schimpft gereizt: »Deine Trödelei ist ja nicht zum Aushalten! Jetzt aber dallidalli!« Doch alles Meckern und Mosern hat nicht zur Folge, dass der Trödler einen Gang höher schaltet. Im Gegenteil. Das Schimpfen nervt nur. Längst kennt der Junge diese Leier. Alles Dallidalli prallt wirkungslos ab.

Keine Zeit für lange Überlegungen

Was tun, um ihn auf Trab zu bringen? Einem Trödler seine Eigenständigkeit zubilligen? Hinnehmen, dass jeder sein eigenes Tempo hat und mancher Kandidat eben ein besonders langsames? In der Theorie ist das richtig, aber nicht unbedingt in der Praxis. Im Alltag bleibt keine Zeit für eine ausgiebige Trödelnummer. Kaum ein Erwachsener ist morgens, mit Blick auf die Uhr, in der Lage, sich zu fragen: »Warum will sich mein kleiner Schatz nicht in Bewegung setzen, was steckt dahinter? Übe ich zu viel Druck aus? Kann er die Hektik nicht vertragen? Gibt uns der Junge mit seiner Dauertrödelei zu verstehen, dass er keine Lust hat, nach unseren Vorstellungen zu funktionieren?« Solche Erwägungen sind jetzt Luxusgedanken. Morgens um acht besteht Handlungsbedarf.

Was tun?

1. Bitte nicht noch mehr hetzen, sondern möglichst gelassen auf das Trödelmanöver reagieren – eine Kunst, die sich zu lernen lohnt.
2. Keine lange Diskussion anzetteln, sondern kurz und energisch sagen: »Wir starten gleich, weil ich pünktlich im Büro sein muss!«
3. Bleibt der Sohnemann dennoch bei seinem Schneckentempo, folgende Maßnahme ankündigen: »Wenn du nicht fertig bist, nehme ich dich im Schlafanzug mit!« Im Schlafanzug? Wenn's denn sein muss – ja. Den strampelnden, vielleicht auch brüllenden Dreikäsehoch ohne viel Worte so, wie er ist – noch im Schlafanzug –, ins Auto packen und zum Kindergarten bringen, bei miesem Wetter in eine Decke gehüllt. Damit er nicht zum Gespött seiner Altersgenossen wird, schnell im Auto anziehen – vor Kindergartenbeginn. Da keiner gerne im Schlafanzug im Auto sitzt, merkt sich der Trödler die Lektion: Die Zeit ist morgens wirklich begrenzt. Meine Mutter meint, was sie sagt, und macht ihre Ankündigung wahr.

Konsequent bleiben – wirklich immer?

Ganz normal im Familienleben: Der Alltag ist durch Regeln bestimmt. Eltern treffen mit ihren Kindern Vereinbarungen, um das Zusammenleben zu ordnen. So heißt es zum Beispiel:

- *Nach dem Mittagessen* ist eine Weile Ruhe im Karton – eine Verschnaufpause für alle!
- *Um acht Uhr abends* ist Schluss mit dem Spielen, dann wird versucht, zu schlafen!

Klar, dass solche Vereinbarungen nicht unbedingt im Sinn von Kindern sind. Kein Dreikäsehoch ist bereit, klaglos zu akzeptieren, was die Erwachsenen vorgeben, denn jedes Halt und Stopp, das sie verkünden, wird von ihm als Einschränkung seiner Freiheit, als einengend empfunden. Die Folge: Kinder machen sich daran, die Verabredungen außer Kraft zu setzen. Mit Tricks und Ösen sind sie darauf aus, ihren Spielraum zu erweitern. Mit Bitten und Betteln, mit unschuldigen Blicken aus großen Kinderaugen oder tränenerstickter Stimme, mit knatschigem Quengeln und Wutanfällen wollen sie Mutter oder Vater von deren Linie abbringen.

Sind die Erwachsenen lustlos, erschöpft oder unsicher, dann lassen sie sich oft von den kleinen Geistern erweichen und stellen die Grenzen, die sie selbst gesetzt haben, wieder in Frage. Sie geben nach mit einem »Na gut, dann macht doch, was ihr wollt!« Mit solch einer Nachgiebigkeit manövrieren sie sich in eine Sackgasse, denn die Botschaft, die bei ihren Sprösslingen ankommt, heißt: Alles nicht so ernst gemeint, was die Eltern mit uns vereinbaren. Die Folge: Die Regeln, die zu Hause gesetzt werden, machen keinen Eindruck mehr, und die Kinder proben immer wieder, immer häufiger den Aufstand: Die Konflikte schaukeln sich hoch. Wie das verhindern?

Die Spielregeln gemeinsam verabreden

Wichtig ist vor allem, konsequent zu bleiben. Das bedeutet: möglichst nicht ins Trudeln geraten, sondern auf dem eingeschlagenen Weg weitergehen. Sich nicht herumkriegen lassen, sondern klar die Regeln aufrechterhalten, die festgesetzt wurden, denn sie sind verbindlich. Eindeutige Botschaften, freundlich, aber bestimmt zum Ausdruck gebracht, machen Eindruck und werden sehr wohl verstanden, vor allem dann, wenn die Vereinbarungen nicht über den Kopf der Kinder hinweg festgelegt, sondern gemeinsam mit ihnen verabredet wurden.

Eltern dürfen ihre Meinung ändern

Immer und ewig konsequent sein – ist das nicht zu viel verlangt? Doch, schon. Denn auch Mütter und Väter sind nicht unfehlbar: Sie sind Stimmungen unterworfen und müssen ihre Meinung manchmal revidieren. Was gestern noch schlüssig erschien, erweist sich heute vielleicht als Humbug. Bleiben die Eltern nicht bei ihrer Linie, die sie einmal eingeschlagen haben, sollten sie das ihren Kindern klar sagen und erklären, warum sie ihre Meinung geändert haben, damit die Kinder wissen, woran sie sind. Es tut ihrer Glaubwürdigkeit keinen Abbruch, wenn Mutter oder Vater verkünden: »Wir haben uns geirrt. Wir sehen die Situation heute anders als gestern, weil …« Auch kleine Kinder verstehen bald, was die Großen damit meinen.

Schlechte Laune

Heute ist er mit dem linken Fuß zuerst aufgestanden, das sieht man dem Bürschchen schon an der Nasenspitze an. Als der Fünfjährige, noch völlig verschlafen, in die Küche torkelt, weiß seine Mutter gleich: Meinem Sohn ist eine Laus über die Leber gekrochen. Er hat schlechte Laune – und wie: Zuerst zerpflückt der Griesgram eine Scheibe Weißbrot und formt Kügelchen. Dann stellt er seinen Becher mit Milch so schwungvoll und mit Nachdruck auf den Tisch, dass jede Menge überschwappt, über den Tisch rinnt und auf den Boden tröpfelt. Und so geht es munter weiter: Wenig später bleibt er mit dem Schlafanzugärmel an der Türklinke hängen, als er aus der Küche schlurft. Sucht dann seine Socken im Flur und stolpert dabei über seine Schuhe, die im Weg stehen. Weil er wütend ist, bekommt der Stuhl, der neben der Garderobe steht, einen Fußtritt ab – so kräftig, dass er umfällt. Schließlich wirft sich der Wicht verzweifelt und laut heulend aufs Sofa, haut mit der Faust ins Kissen und jammert: »So ein Scheißtag! Alles läuft schief!«

Was tun?

1. Nicht schimpfen, auch wenn es das Nächstliegende ist, sondern dem Kleinen nur eindringlich sagen, dass es keine gute Idee war, den armen Stuhl zu malträtieren, wenn man mit sich selber über Kreuz ist.
2. Den Unglücksraben in die Arme nehmen und fest halten. Nicht auf das Kind einreden, sondern möglichst stillhalten und darauf vertrauen, dass Wärme, Nähe und enger Körperkontakt die Verzweiflung mildern und beruhigend wirken. Die Wut verraucht dann allmählich, und die Aggression lässt nach. Eine feste Umarmung sagt einem Kind ohne Worte sehr eindrucksvoll:

– *Wir ziehen einen Schlussstrich,* fangen mit dem Vormittag noch einmal von vorne an und vergessen, was schief gelaufen ist. Ich helfe dir dabei!
– *Ich hab dich lieb!* Egal, was vorgefallen ist – ich mag dich immer sehr!

Nicht jedem Kind ist danach, sich in den Arm nehmen zu lassen, wenn es wütend und verzweifelt ist. Lässt es eine Umarmung zu, hilft der Körperkontakt. Er ist ein gutes »Beruhigungsmittel«.

Auch Eltern brauchen »Beruhigungsmittel«

Das Festhalten wirkt nicht nur beruhigend auf verzweifelte Kinder, sondern auch auf gereizte und aufgebrachte Eltern. Kaum nehmen sie die Körperwärme ihres Kindes wahr, kaum riechen sie seinen besonderen Kinderduft, schon spüren sie vor allem Zärtlichkeit. Wut, Ärger, Ungeduld – solche Gefühle rücken dann in den Hintergrund.

Viele Kinder leisten Widerstand

Das Festhalten hilft nicht jedem Kind gegen seine Wut- und Verzweiflungsausbrüche. Mancher kleine Wüterich wehrt sich dagegen. Aber es ist einen Versuch wert, dieses »Beruhigungsmittel« auszuprobieren: mit Nachdruck, aber ohne Zwang. Denn Eltern müssen unbedingt respektieren, dass sich Sohn oder Tochter manchmal weder von Mama noch von Papa in den Arm nehmen lassen will. Spüren die Erwachsenen Widerstand, sollten sie sofort loslassen.

Vor allem im Trotzalter geraten Kinder bisweilen so sehr in Rage, dass sie nur noch Rot sehen. In diesem Fall können sie Nähe nicht sofort, sondern erst später zulassen.

Halt geben – aber wie und wodurch?

In den Schulen herrscht ein raues Klima. Die Kinder machen sich – oft voller Häme – übereinander lustig. Viele grenzen Mitschüler aus, die ihnen nicht passen, sind keine Meister der Rücksichtnahme. Sie treten schon mal zu, verkloppen ihre Altersgenossen.

Warum Eltern sich überfordert fühlen

Vielen Kindern mangelt es heute an innerer Stabilität. Wie Blättchen im Wind fühlen sie sich, ohne festen Boden unter den Füßen – mal werden sie hierhin, mal dorthin geweht. Woher rührt dieser Mangel an Halt? Ein Grund dafür: Den Kindern werden wichtige Wertmaßstäbe nicht mehr vermittelt, die sie brauchen, um sich gut zu entwickeln. Vielen mangelt es an Rückhalt.

- *Früher* hatte die Oma ein wichtiges Wörtchen bei der Erziehung der Enkel mitzureden. Und die Cousine gab mit ihren drei Kindern ein brauchbares Vorbild ab. Zudem stand die Schwiegermutter zur Verfügung, wenn Not am Mann war. Es war die Norm, dass Eltern und Kinder Rückhalt in der Familie hatten und nur selten ohne Hilfe dastanden.
- *Heute* müssen junge Familien meist allein zurechtkommen, denn die Familie lebt in alle Winde verstreut oder existiert gar nicht.
- *Früher* galten für alle Kinder ähnliche Normen: Man hatte sich zu bedanken, den Älteren Platz zu machen und Rücksicht zu nehmen.
- *Heute* müssen Mütter und Väter vieles nach eigenem Gusto entscheiden. Erziehung ist eine individuelle Angelegenheit geworden:

– *Fernsehen* dürfen die Kinder in Familie A bis in die Puppen, die aus Familie B dürfen pro Tag nur ein Viertelstündchen schauen.

– *Gemeinsame Mahlzeiten* sind für die Kinder aus Familie C Pflicht, die Kinder aus Familie D bedienen sich dagegen aus dem Kühlschrank, wenn sich der Hunger meldet.

- *Früher* gab es einen engeren Zusammenhalt in der Nachbarschaft. Alle hielten ein Auge auf die Kinder, die die Gegend unsicher machten, und sie griffen ein, wenn die Herrschaften zu großen Unfug trieben.
- *Heute* reagieren Nachbarn vorsichtiger: Bloß nicht einmischen, heißt die Devise. Außerdem spielt Konkurrenzdenken eine Rolle: Wer ist tüchtiger – dein Kind, mein Kind? Wer steht höher auf der Erfolgsleiter? Auch deshalb bleibt die gegenseitige Unterstützung nicht selten auf der Strecke.
- *Früher* galten in der Schule in etwa die gleichen Regeln wie zu Hause. (Auch wenn das nicht unbedingt die sinnvollsten waren.)
- *Heute* müssen viele Kinder erkennen, dass sie zu Hause jede Menge Freiheit haben, ihr Spielraum in der Schule hingegen begrenzt ist. Jeder macht heute seine eigenen Regeln.

Fazit: Es ist anstrengender geworden, mit Kindern gut über die Runden zu kommen. In unseren Zeiten fühlen sich Mütter und Väter häufig allein gelassen – nicht eingebettet in ein großes Ganzes. Weil jeder versucht, sein eigenes Wertesystem zu zimmern, sind viele überfordert: »Ein Leben mit Kindern? Zu zeitraubend. Zu anspruchsvoll!« Die Folge für Eltern: Sie wursteln sich im Alltag durch. Mal gilt diese, mal jene Maßnahme – für Kinder ist es dann schwierig, sich zu orientieren. Im Vorteil sind diejenigen, deren Eltern über festere Wertmaßstäbe verfügen, die sie weitergeben. Sie stehen auf einem stabileren Fundament.

Immer Ärger beim Essen

Alle Tage wieder der gleiche Stress. Die Vorgeschichte: Während das ältere Kind noch in der Schule ist und das jüngere im Kindergarten, schwingt die Mutter der beiden den Kochlöffel – voll zwiespältiger Gefühle. Die Unlust hat ihre Gründe, denn die mittägliche Kocherei

- *macht ihr keinen Spaß.* Schon die tägliche Frage: »Was koche ich heute?« geht ihr auf die Nerven, und die Einkauferei ist wahrlich nicht ihre Lieblingsbeschäftigung,
- *ist aber Pflichtprogramm.* Denn sie nimmt die Sorge um die Gesundheit ihrer Kinder sehr ernst. Das bedeutet: Gesunde Ernährung, frisch zubereitet aus wertvollen Zutaten, muss sein – das ist ihr ganz wichtig. Deshalb überwindet sie ihre Unlust.

Ein klares Konzept im Kopf haben

Gegen eins sitzen die Mutter, der achtjährige Sohn und die vierjährige Tochter um den Mittagstisch, Kartoffelbrei, Bratwurst und Erbsen vor sich. Und dann beginnt das tägliche Theater:

- *Erster Akt.* Die Vierjährige will nicht essen: »Mag nicht!« Keine Lust auf Kartoffelbrei, Bratwurst und Erbsen. Sie schießt mit dem Finger Erbsen über den Tisch in Richtung Bruder.
- *Zweiter Akt:* Die Mutter versucht es bei ihrem Spätzchen im Guten. Redet ihr gut zu: »Mach keinen Unfug. Ich habe extra für euch gekocht. Du mochtest doch Erbsen, Kartoffelbrei, Bratwurst mal gerne …«
- *Dritter Akt:* Die Tochter schüttelt grinsend den Kopf und schaut Beifall heischend zum Bruder.
- *Vierter Akt:* Die Mutter verlegt sich aufs Bitten: »Du musst ja nur eine kleine Portion essen. Nun mach schon, mein Mäuschen!«

- *Fünfter Akt:* Das »Mäuschen« bewirft den Bruder mit Erbsen. Der Bruder lacht sich kringelig. Das feuert seine Schwester erst recht an. Sie haut mit dem Löffel in den Kartoffelbrei. Hier endet der Spaß. Denn schließlich ist sie vier Jahre alt und kein Baby mehr.

Was tun?

1. Ruhe bewahren. Denn gerät die Mutter in Aufregung, wird die Angelegenheit erst recht interessant: Mal sehen, wie die Mami heute reagiert. Vielleicht schaffen wir es, sie wieder auf die Palme zu bringen – eine recht amüsante Vorstellung für Kinder.
2. Das Mädchen zweimal, sachlich, aber freundlich auffordern zu essen. Isst es nicht, ohne ein Wort seinen Teller abräumen. Außerdem darauf hinweisen, dass es später nichts mehr zu essen gibt.
3. Steht die Kleine eine halbe Stunde später mit kläglichem »Ich hab Hunger« auf der Matte, konsequent bleiben und sie darauf hinweisen, dass es erst am Nachmittag wieder etwas zu essen gibt. Nicht weich werden – auch nicht durch steinerweichendes Schluchzen oder Betteln.
4. Eventuelle Sorgen um die Gesundheit zur Seite schieben. Es schadet niemandem, mal eine Mahlzeit zu überspringen. Bei gesunden Kindern holt sich der Körper schon, was er an Nähr- und Wirkstoffen braucht, sie leiden nicht gleich an Mangelernährung.
5. Die Kinder spüren, dass ihre Mutter beim Thema Mittagessen mit sich selbst im Zwiespalt ist und reagieren auf ihre unklare Haltung. Löst sich bei ihr der Knoten, dann gelingt es auch, entspannter mit dem Thema Essen umzugehen.

Schimpfen völlig überflüssig?

Je turbulenter die Tage, desto größer die Neigung mancher Mütter und Väter, mit ihrem Kind zu schimpfen – bei jeder Kleinigkeit, die schief läuft. Warum nur meckern Eltern so häufig?

- *Weil sie angespannt sind* und ein Ventil für ihre eigenen Gefühle brauchen. Sie stehen zum Beispiel unter Druck, weil das gesamte Programm – Beruf, Haushalt, Kinder – zu belastend ist. Verständlich, dass der Laden laufen soll. Bloß keine zusätzlichen Aufregungen mehr. Schießen dann die Kinder noch quer und
  – *räumen die Spülmaschine nicht aus*, obwohl sie es fest versprochen haben,
  – *geben dem Hund kein frisches Wasser*, obwohl das ihre Aufgabe ist,
  – *mähen den Rasen nicht*, obwohl es klar verabredet war, ist das Grund genug für viele Eltern, wieder einmal richtig loszupoltern. Dabei geht es meist weniger um die Kinder und ihre Taten oder Versäumnisse als darum, selber Dampf abzulassen.
- *Weil sie ratlos sind.* Eltern haben bestimmte Forderungen an ihre Kinder, und der Nachwuchs erfüllt die Erwartungen natürlich nicht immer. Und wenn die Eltern sowieso schon übermüdet und frustriert sind, kommt es zum Streit, und Mutter und Vater schimpfen mit ihren Sprösslingen. Dabei stehen die Anlässe oft stellvertretend für einen ganz anderen Frust oder Ärger. Aber den Eltern fällt oft einfach nichts Besseres ein.

Schimpfen kann manchmal auch erwünscht sein

Wenn Eltern ihre Kinder in einem Konflikt schelten, dann ist das Problem damit noch lange nicht vom Tisch. Im Gegenteil. Denn häufig handeln sich die Erwachsenen damit noch zusätzlichen Stress ein: Die Probleme nehmen nicht ab, sondern eher zu. Warum? Weil die Schimpferei – so absurd das im ersten Moment auch klingen mag – manchmal genau das ist, was sich ein Kind wünscht. Wieso?

- *Weil Schimpfen auch Zuwendung ist.* Macht die Mutter einen Riesenzirkus, wenn ihre Tochter die wunderbare Suppe, die sie extra gekocht hat, einfach nicht essen mag, dann lernt das Mädchen: Wenn ich mein Süppchen verweigere, kümmert sich die Mama ziemlich intensiv um mich. Dann stehe ich im Mittelpunkt ihres Interesses und erreiche genau das, was ich gerne erreichen möchte: Endlich nimmt sich die Mama Zeit für mich ganz allein. Endlich zähle nur ich für sie und bekomme die Aufmerksamkeit von ihr, die ich mir wünsche. Denn genau darum geht es vielen: Sie kämpfen um Zuwendung. Mit aller Macht wollen sie sie erlangen, dafür ist ihnen jedes Mittel recht – auch diese Methode: Ich mache Mist, meine Mama schimpft und kümmert sich dadurch allein um mich.
- *Weil Schimpfen Abwechslung bedeutet.* Die meisten wissen genau: Ihre Mami hat sie lieb. Deshalb beunruhigt es die Kinder nicht besonders, wenn sie zwischendurch einmal wie ein Rohrspatz schimpft, weil sie Blödsinn gemacht haben. Zum einen Ohr rein, zum anderen raus – die Schimpferei dringt nicht zum Kern ihres Wesens durch und verändert damit ihr Verhalten auch keineswegs.

Interessant für sie ist das Gemeckere dennoch: Wunderbar, wenn Mama mit knallrotem Kopf vor ihnen steht. Wenn sie zetert, vor Aufregung zappelt, mit den Armen fuchtelt. Alles zusammen: ein großes Theaterdrama. Höchst eindrucksvoll für kleine Zuschauer und damit kontraproduktiv.

Im Haushalt mithelfen – Fehlanzeige!

Eine Regel, auf die sich sämtliche Familienmitglieder geeinigt haben, lautet: Mutter und Vater kaufen ein, bereiten die Mahlzeiten zu, die Kinder decken den Tisch auf und ab, räumen die Spülmaschine ein und aus. Die Praxis sieht allerdings anders aus: Die Tochter hält sich weitgehend an die Verabredung, der Sohn lässt sich dagegen selten sehen, wenn es für ihn etwas im Haushalt zu tun gibt. Soll der Tisch gedeckt werden, liegt er gerade in den letzten Zügen mit einer wahnsinnig schwierigen Matheaufgabe. Soll der Tisch wieder abgedeckt werden, muss er unbedingt ans Telefon eilen …

Zuerst noch geduldig, versuchen Vater, Mutter und Schwester ihn in die Gänge zu bringen. »Hab dich nicht so. Komm, mach schon!«, sagen sie und versuchen es mit humorvollen Anekdoten. »Meine Schwester hat früher bei uns zu Hause auch nie geholfen«, erzählt der Vater. »Sie musste immer aufs Klo, wenn sie gebraucht wurde!« Die schönsten Geschichten nützen nichts. Der Sohnemann macht sich dünne, sobald die Pflicht ruft.

Wer auf Kinder einredet, ihnen mit langen Erklärungen kommt, hat meist schon verspielt. Je weniger Worte verloren werden, desto größer die Wirkung – manchmal, leider nicht immer.

Weltmeister im Entwischen

Natürlich reden die Eltern mit ihrem Filius – ohne Wut in der Stimme, ruhig, kurz und sachlich, so wie es sein sollte. Nützt nichts. Erinnern ihn Mutter und Vater an sein Pflichtprogramm, verweigert er jede Diskussion. Er speist sie kühl mit einem »Ja, ja – schon gut!« ab. Gleichzeitig signalisiert seine blasierte

Miene: Ihr könnt mich mal! Und anschließend entwischt er wieder: Nur schnell eine CD vom Freund holen. Dieser Junge ist ein hartnäckiger Fall. Seine Eltern schauen ihm ratlos hinterher: »Nicht zu packen, das Kerlchen!« Die Harmonie ist gestört, Vater, Mutter und Schwester sind sauer:

- *Schimpfen* in ihrer Ratlosigkeit. Ohne Erfolg. Der Junge stellt sich taub.
- *Halten Vorträge über Fairness.* Ebenfalls ohne jede Wirkung. Der Junge stellt seine Ohren auf Durchzug.

Was tun?

Dem Sohnemann klarmachen, dass sein Handeln negative Folgen für ihn hat. So gibt es

- *nur zu essen,* wenn er den Tisch deckt,
- *nur eine gemeinsame Spielerunde,* wenn er den Tisch vorher abgedeckt hat.

Auf diese Weise lernt jeder – auch schon ein jüngeres Kind –, dass sein Versäumnis negative Folgen hat:

- *Es bekommt erst zu essen,* wenn der Tisch gedeckt ist – die nötigen Vorbereitungen für die Mahlzeit getroffen sind. Und sie sind erst getroffen, wenn es seinen Part erledigt, den Tisch gedeckt hat.
- *Es kann erst spielen,* wenn das Geschirr vom Tisch geräumt ist – und damit die nötigen Voraussetzungen für das Spielen getroffen sind. Und das ist dann der Fall, wenn es wiederum seinen Anteil erledigt und den Tisch abgeräumt hat.

Bekommt ein Kind häufig Konsequenzen zu spüren, die sich als Folge seines negativen Verhaltens ergeben, lernt es ziemlich schnell: Ich habe mir die Chose selbst eingebrockt, also muss ich auch die Folgen tragen. Vielleicht zieht es aus dieser Erfahrung den Schluss: Um mir selbst nicht zu schaden, ändere ich mein Verhalten.

Wann helfen Strafen weiter?

Strafe muss sein – ein Spruch, den Kinder häufiger zu hören bekommen, als ihnen lieb ist. Muss Strafe denn wirklich sein? – Seltener, als manche meinen. Denn Strafen können auch kontraproduktiv wirken.

Strafen, die mehr schaden als nützen

- *Strafen, die das Unglück verdoppeln.* Wer etwas ausgefressen hat, ist nicht unbedingt glücklich über sein Tun – egal, ob er Saft über Mamis Kleid geschüttet oder den kleinen Bruder vermöbelt hat. Oft macht ihm sein Treiben selbst zu schaffen, und er ist mit sich über Kreuz. Umso schlimmer, wenn die Großen dann noch eins draufsetzen und mit einer Strafe kommen. Denn der Kummer ist schon Strafe genug.
- *Strafen, die keinen Bezug haben,* die als Willkür empfunden werden. Viele Mütter und Väter sind groß in Wenn-dann-Verfügungen: »Wenn du nicht Vokabeln lernst, dann …« Fällt ihnen nach dem »dann« nichts Gescheites ein, wird eine beliebige Strafe angehängt: »Wenn du nicht Vokabeln lernst, dann wird das Taschengeld gekürzt!« Jeder vernünftige Mensch fragt sich: Was haben die Vokabeln mit dem Taschengeld zu tun? Weil keinerlei Zusammenhang zwischen dem Tun und der Strafe besteht, werden solche Strafaktionen leicht als ungerecht empfunden – als Herrschaftsinstrument mächtiger Eltern.

Jedes Kind reagiert empfindlich auf ungerechte Strafen – ungerecht aus seiner Sicht. Bekommt es sie zu spüren, fühlt es sich ausgeliefert und wehrlos. Aus Angst vor weiterer Strafe, neigt es dazu, sein Treiben zu verschleiern und sich zu verschließen.

Strafen, die wirklich Eindruck machen

Also lieber aufs Strafen verzichten? Nicht ganz, denn die richtige Strafe im rechten Moment kann ein Lehrstück sein nach dem Motto: Aus Schaden wird man klüger. Und was ist eine richtige Bestrafung? Keine saftige Strafe, sondern die Erfahrung, für die Folgen des eigenen Handelns die Verantwortung tragen zu müssen. Zwei Beispiele:

- *Die zerknautschten Schuhe.* Wer seine Schuhe im Regen stehen lässt, nicht zum Trocknen mit Zeitung ausstopft, muss später erstaunt zur Kenntnis nehmen, dass die Schuhe ziemlich hinüber sind und es nicht mehr viel Freude macht, sie zu tragen.
- *Der verlorene Pulli.* Wer seinen neuen Lieblingspulli in der Straßenbahn liegen lässt und keine Lust hat, beim Fundbüro nachzufragen, muss sich damit abfinden, im Winter seinen alten Pulli zu tragen.

Ein Kind, das die Verantwortung für sein Handeln tragen muss, lernt Schritt für Schritt, dieser Verantwortung gerecht zu werden – ein oft schmerzlicher Prozess.

Vor manchem Schaden müssen Eltern ihr Kind allerdings ausdrücklich bewahren – zum Beispiel vor Gefahren, die keineswegs dazu geeignet sind, »eigene Erfahrungen« zu sammeln. Strafen können eine Unterstützung sein, als »Allheilmittel« sind sie nicht zu gebrauchen. Wirkungsvoller: Das Selbstwertgefühl eines Kindes stärken. Und das heißt: Nicht das Negative seines Handelns, sondern das Positive zuerst sehen und ansprechen. Das Kind loben, wenn es etwas zu loben gibt.

Der Ton macht die Musik – wichtig ist, dass Eltern sachlich, möglichst neutral mit ihrem Kind über die Folgen seines Handelns reden, ohne feindseligen Unterton in der Stimme oder gar Schadenfreude.

Wenn Kinder einfach nicht gehorchen

Auf einem Spielplatz gegen Abend. Langsam machen sich alle ans Heimgehen. Schluss für heute. »Es wird Zeit – kommt Kinder, wir gehen!«, ruft eine junge Mutter. Die lieben Kleinen, vier und sechs Jahre alt, denken nicht daran, ihr zu folgen und sich für den Abmarsch bereit zu machen. Jetzt doch nicht! Endlich haben sie die Rutsche und das Klettergerüst für sich allein, die Gelegenheit muss genutzt werden. Ihre Mutter übt sich in Geduld und gibt noch ein paar Minuten zu. Dann macht sie sich erneut bemerkbar: »Ich warte auf euch! Nun kommt schon!« Keine Reaktion der beiden, die sich jetzt auf der Schaukel vergnügen. Gehorchen scheint nicht ihre Stärke zu sein.

Was tun?

1. Gelassen bleiben. Denn Kinder, die nicht gehorchen, wollen ihre Eltern mit ihrem Verhalten häufig provozieren, nach dem Motto: Es wird mir doch wohl gelingen, Mutter oder Vater aus der Ruhe zu bringen. Verlieren die Erwachsenen dann angesichts ihrer Sturheit tatsächlich die Fassung, ist der Nachwuchs am Ziel seiner Wünsche.
2. Darauf verzichten, den Kindern Vorwürfe zu machen, wie etwa: »Weil ihr jetzt herumtrödelt, muss ich mich nachher hetzen!« oder »Ich bin fix und fertig. Mir reicht's – der Tag war lang genug. Nun kommt endlich!«, denn solche Tiraden beeindrucken wenig. Mütter und Väter, die Vorwürfe machen, fallen ihren Kindern nur auf die Nerven. Wirkungsvoller: Den Widerspenstigen klar machen, wer letztlich das Sagen in der Familie hat. Auf

die Kinder zugehen, ihnen mit natürlicher Autorität in der Stimme deutlich machen, dass jetzt keine Zeit für Scherze ist: »Kommt bitte!« Betonen Eltern das *Bitte* allerdings zu stark, beginnen sie sogar zu flehen – »Tut mir den Gefallen, und kommt, *bitte*!« –, dann neigen Kinder dazu, dieses Pflänzchen von Mutter, das sich so hilflos gibt, nicht richtig ernst zu nehmen.

Auf die natürliche Autorität bauen

Die Knirpse merken genau, wann der Spaß ein Ende hat. Reagieren die Eltern souverän und konsequent, beeindruckt sie das, und die Erwachsenen erreichen mit ihrem sicheren Auftreten, was sie möchten: Die Kinder folgen ihnen schließlich. (Manchmal dauert es allerdings länger.)

Erwachsene sollten nicht im Befehlston mit einem Kind sprechen, sondern freundlich und bestimmt sagen, was sie auf dem Herzen haben und dazu eine einleuchtende Erklärung abgeben: »Wir gehen nach Hause, weil die Läden gleich schließen und wir vorher noch einkaufen müssen.«

3. Sind Kinder allerdings auf hartem Konfrontationskurs, geben sie nicht so bald nach. Viele Eltern kommen ihnen dann mit Drohungen: »Wenn ihr jetzt nicht sofort kommt, dann gehe ich schon mal!« Wenn-dann-Drohungen sollten gut überlegt sein – und wenn ausgesprochen, auch wahr gemacht werden. Denn folgt auf ihr »dann …« nur eine Pause, weil ihnen nichts dazu einfällt oder weil sie unsicher sind, ob sie ihre Drohung auch wahr machen wollen oder können, verspielen Eltern mit diesem Zögern einiges von ihrer natürlichen Autorität. Bei ihren Kindern kommt dann an: Die wissen nicht, was sie wollen.

Warum fällt das Gehorchen so schwer?

Ein verblüffend ohnmächtiges Gefühl ergreift viele Eltern, wenn sich ihr Nachwuchs vehement weigert, das zu tun, was Mutter oder Vater von ihm verlangen. Sicherlich, ihre Kinder sollen sich in Selbstständigkeit üben. Sie sollen diese Übungen aber bitte nicht gerade dann abhalten, wenn die Eltern auf Gehorsam aus sind, denn aus ihrer Erwachsenensicht haben ihre Belange eindeutig Vorrang. Kinder sehen das allerdings anders.

Ungehorsam und Selbstbewusstsein

Machen die Sprösslinge allen Ermahnungen zum Trotz, was sie wollen, wird den Großen plötzlich klar, dass ihre Kleinen gar nicht mehr so klein sind. Ein sicherer Hinweis darauf: Hellwach und neugierig bekommen die Kinder bald spitz, dass nicht nur die mächtigen Eltern über sie bestimmen dürfen, sondern auch sie selbst. Schon im Trotzalter, also erstaunlich früh, dämmert es jedem Kind, dass es neben Gehorsam auch Ungehorsam gibt. Und ungehorsam zu sein ist weit aufregender, als sich in Gehorsam zu üben.

Verlangen Eltern Gehorsam von ihrem Kind, sollten sie erklären, warum – auch schon bei kleinen Kindern. So gewöhnen sie sich frühzeitig daran, Begründungen mitzuliefern.

Also zeigt manches Kind seinen Altvorderen eine lange Nase und tut mit Freuden, was es gerade will. Besonders selbstbewusste Kandidaten – und von der Sorte gibt es heute viele –, kennen keine Scheu, sich mit einer »Respektsperson« anzulegen. Ist ihnen danach zumute, schleudern sie den Erwachsenen ein resolutes »Mach ich nicht!« entgegen oder ein »Du kannst mir mal im Mondschein begegnen«, wenn man sie ans Gehorchen erinnert.

Kühn motzt ein Schüler seinen Lehrer an: »Ich lass mir nichts von Ihnen sagen!« Ein typischer Dialog zwischen Groß und Klein:

Mutter: »Erledige jetzt bitte deine Hausaufgaben!«

Sohn: »Mach ich später!«

Oder *Vater*: »Leer bitte den Mülleimer aus!«

Tochter: »Hab keine Zeit!«

Partnerschaftlich miteinander umgehen

Stimmen die Grundbedingungen, die Kinder brauchen, um sich gesund zu entwickeln, dann lernen sie auch zu gehorchen, wenn's sein muss. Denn fühlen sie sich zu Hause wohl, verstehen sie sich gut mit ihren Eltern, werden sie respektiert und nicht zu Befehlsempfängern degradiert, dann erfüllen sie schließlich einigermaßen bereitwillig die Forderungen der Erwachsenen – erst recht natürlich, wenn sie im Alltag mitbestimmen dürfen, wenn ihre Meinung gefragt ist und sie nachvollziehen können, warum Gehorsam von ihnen verlangt wird. Bei jüngeren Kindern hapert es häufig noch an dem rechten Verständnis, aber nach und nach denken sie immer besser mit und kapieren, warum sie dieses und jenes tun oder lassen sollen. Warum sollten sie die Familie dauerhaft reizen und ärgern, wenn sie sich eigentlich bei ihr gut aufgehoben und wohl fühlen?

Üben Eltern dagegen viel Druck auf sie aus, wird dauernd Gehorsam abverlangt, reagieren Kinder bald störrisch: Sie blockieren und tun erst recht nicht, was Mutter und Vater von ihnen erwarten.

Eifersucht unter Geschwistern

Das Baby ist so süß, so niedlich. Oma, Opa, Tante – alle freuen sich über den Zuwachs und sehen nur den »Lütten«, wenn sie zur Tür hereinkommen. Und Mama und Papa erst – total begeistert von dem Neuankömmling. Nur noch der Wonneproppen zählt. Die ältere Schwester sieht's mit Grausen. So hatte sie sich die Sache mit dem kleinen Bruder nicht vorgestellt. Erstaunt nimmt die Vierjährige wahr, dass sie zu Hause nicht länger die kleine Prinzessin ist, um die sich ein ganzer Hofstaat schart. Entthront ist sie – klar auf einen hinteren Platz verbannt. Das kann man sich nicht einfach gefallen lassen! Die Prinzessin nimmt den Kampf auf: Streichelt den Eindringling extra sanft, um ihm dann einen nicht ganz so sanften Hieb zu versetzen. Und ganz beiläufig haut sie ihm ihren Stoffhasen auf den Kopf. Außerdem hat sie schlechte Laune ohne Ende und reagiert äußerst gereizt, wenn man sie nur antippt. Das bedeutet: Das Mädchen ist eifersüchtig. Betroffen nehmen die Eltern wahr, dass sie Brüderchen und Schwesterchen nicht allein im Zimmer lassen können, denn wer weiß, was dann geschieht …

Was tun?

1. Einen kühlen Kopf bewahren. Jetzt nicht hektisch zwischen den beiden Kindern hin- und herflitzen, sondern ruhig und gelassen bemüht sein, beiden gerecht zu werden: Erst ist der Sohn an der Reihe, dann die Tochter. Beim nächsten Mal die Reihenfolge umkehren. Provokationen möglichst mit Langmut ertragen. Heißere Auseinandersetzungen auf später vertagen. Denn in dieser Anfangsphase ist vor allem eins wichtig: Ruhe in den Alltag zu bringen – wichtiger als gerade jetzt Erziehungsmaßnahmen durchzusetzen.

2. Natürlich verlangt ein Baby nach Zuwendung, aber die ältere Schwester braucht bei diesem sensiblen Umstellungsprozess ebenso viel Aufmerksamkeit. Weil die Tochter mit den Veränderungen in der Familie allein nicht klarkommt und sich mit dem Mischmasch ihrer Gefühle – Freude, Wut, Verzweiflung und Trauer – auseinander setzen muss, sollten sich Mutter oder Vater zwischendurch möglichst intensiv um ihre Prinzessin kümmern. Sollten sich die Zeit nehmen für Gespräche, für gemeinsames Spielen, für Zärtlichkeiten.
   Kommt zum Beispiel die Großmutter zum Helfen, könnte sie sich weitgehend um das Baby kümmern, damit sich die Mutter vor allem ihrer Tochter widmen kann (und nicht umgekehrt).

Die Geschwister mit einbeziehen

3. Auch wenn sie den Neuankömmling um einiges zu heftig kitzelt oder zu dolle herzt – die kleine Tochter bitte nicht vom Baby fern halten, denn sonst fühlt sie sich erst recht abgeschoben. Besser: Sie in die Pflege des Babys einbinden. (Dabei aber ein Auge auf das Mädchen haben.) Ihr kleine Pflichten übertragen, für die sie die Verantwortung trägt – wie etwa: Söckchen anziehen, Schlafsack lüften.

Provokation – warum eigentlich?

Die Mutter hat ausdrücklich Nein gesagt – zweimal, dreimal. Der Vater hat ruhig, fest und trotzdem freundlich erklärt: »Hier kommst du nicht weiter, weil ...!« Manchmal nützt das alles nichts. Der Sohnemann reißt sich weiterhin die Mütze vom Kopf, und das Töchterchen denkt nicht daran, endlich von den Knöpfen der Waschmaschine zu lassen. Der Filius singt laut, obwohl seine Großmutter gerade Mittagsschlaf hält, und die Tochter beschimpft ihren Vater als Mistkerl.

Die Eltern aus der Reserve locken

Je fester die Stimme, je bestimmter ihr Blick, desto größer die Herausforderung an das Kind, die Eltern aus der Ruhe zu bringen. Egal, ob zwei, fünf oder schon vierzehn Jahre alt – oft bereitet es Kindern einen Heidenspaß, ihre Eltern bis aufs Blut zu reizen. Meistens ist das nicht Ernst, sondern Spiel – ein Spiel, das sie perfekt beherrschen: erst ein energisches Kopfschütteln oder »Nein!«, dann ein beobachtender oder verschmitzter Blick und schließlich ein abwartend kühler, der fragt: »Und was macht ihr jetzt?« Wenn Kinder gegen die Regeln anrennen, die zu Hause, in der Schule, in der Gesellschaft gelten, dann mit Elan: Macht Spaß, die Großen aus der Reserve zu locken. »Mal sehen, ob's gelingt? Schaffe ich es, meine Mutter, meinen Vater, meinen Lehrer aus der Ruhe zu bringen, oder muss ich klein beigeben?«

Warum fordern Kinder die Erwachsenen so gerne heraus? Weil sie mit Hilfe ihrer Provokationen

- *Beachtung finden,* die ihnen vielleicht fehlt. Ein Beispiel: Beim Telefonieren. Kleine Kinder werden zappelig, wenn ihre Mütter lange telefonieren, weil sie sich ausgegrenzt fühlen. Der Grund: Sie wollen an dem Plausch teilnehmen. Da das unmöglich zu sein scheint, machen sie so lange Unsinn, bis ihre Mutter das Telefonieren aufgibt.

- *Langeweile entgehen.* Wenn sich nichts rührt zu Hause, wenn man so gar nichts mit sich anzufangen weiß, kann man immer noch »Mami auf die Palme oder Papi auf 180 bringen« spielen. Bei diesem vergnüglichen Zeitvertreib gibt sich dann die schlechte Laune.
- *Macht erproben.* Manche Kinder reiten ewig neue Attacken gegen die Erwachsenen – egal, was die Großen tun oder lassen. Warum müssen sie immer wieder provozieren?

Sie wollen die Erwachsenen aus der Reserve locken, sind auf eine Machtprobe aus.

Und wenn die Provokation nicht greift?

- *Kleine Provokationen* bringen Eltern in der Regel nicht aus dem Lot. Meist reagieren sie einigermaßen souverän darauf, gelassen und ruhig. Das macht Sinn, denn stoßen die Attacken ihrer kleinen Herausforderer ins Leere, dann ist dieser Kampf gar kein richtiger mehr – und schon wird die Sache fade, und die Provokationen verebben rasch.
- *Echte Provokationen:* Werden sie gezielt und dauerhaft provoziert, sollten sich Mütter und Väter der Herausforderung stellen und ihrem Sprössling mit all ihrer Autorität erklären: »Hier ist eine Grenze – nur zu deiner Erheiterung lass ich mich nicht ärgern!« Sie können dann den Raum verlassen, sich hinter einer Zeitung verschanzen oder einer Arbeit zuwenden. All das signalisiert: Schluss jetzt!

»Ich ziehe an, was ich will!«

Dicke, graue Wolken am Himmel. Schlecht-Wetter-Ansagen im Radio. Eindeutig: Heute wird es regnen. Und weil es regnen wird, sollte man vernünftigerweise eine Regenjacke und festere Schuhe anziehen und nicht in T-Shirt und Sandalen das Haus verlassen, um Richtung Schule zu wandern.

»Vernünftigerweise« – wenn ein sechs-, sieben- oder achtjähriges Kind dieses Wort nur hört, stellen sich ihm schon die Nackenhaare auf. Prompt verweigert es sich und will seinen Dickkopf durchsetzen. »Ich zieh an, was *ich* will!«, tönt es aus Kindermund – egal, ob das den anderen passt oder nicht.

Beim Thema Anziehen proben Kinder gern den Aufstand. Besonders die Mütter von Mädchen können ein Lied von rosa Söckchen singen, die unbedingt bei einer Mordskälte angezogen werden müssen, oder von kurzärmeligen, duftigen Sommerkleidchen, die zur absolut angemessenen Winterkleidung erklärt werden. Und die Jungen? Sie ziehen nach. Weigern sich partout, bei klirrendem Frost eine Mütze über die Ohren zu ziehen oder sicherheitshalber Handschuhe einzustecken. Querelen ums Anziehen sind ein Dauerbrenner in den meisten Familien.

Was tun?

1. Ist ein Kind willensstark, will es mit seinem Dickkopf durch die Wand, so mag diese Willensstärke seine Erzieher zwar anstrengen, hat aber auch durchaus positive Seiten. Denn es zeigt, dass der Sprössling kein zartes Hascherl ist, sondern Biss hat – und genaue Vorstellungen in seinem Köpfchen ausbrütet. Und wer genau weiß, was er will, kommt gut mit seinem Leben zurecht. Es besteht also wenig Grund für Eltern, sich aufzuregen.

Eigenwilligkeit ist ein Plus

2. Strikte Verweigerungen à la »Ich ziehe nicht an, was du mir vorschreibst!« oder »Ich lass mir von dir nichts sagen!« sind oft nicht persönlich gemeint – nicht gezielt gegen Mutter und Vater gerichtet. Sohn oder Tochter wollen die Nerven ihrer Eltern nicht »mit Fleiß« strapazieren, sondern ihr Durchsetzungsvermögen üben.
3. Überfahren Sie Ihre Kinder nicht mit einem »Du kannst das noch nicht beurteilen!« oder »Ich weiß, wovon ich rede. Schließlich habe ich mehr Erfahrung als du!« Denn keiner lässt sich gern zum kleinen Gemüse degradieren – wohl noch grün hinter den Ohren. Ganz gleich welchen Alters, auch Kinder haben ihren eigenen Kopf und wollen mitbestimmen.

Wer aus gutem Grund eisern darauf besteht, dass bei Sauwetter eine Mütze zu tragen ist und bei Frost Strumpfhosen statt Söckchen, sollte bei anderer Gelegenheit dem Kind bewusst Zugeständnisse machen: »Bestimm du, was wir zum Abendbrot einkaufen!« Oder: »Sag du, wohin wir den Ausflug machen sollen!«

Kinder wollen Einfluss nehmen, wollen auch mal das Sagen haben und ihre Vorstellungen einbringen. Erfahren sie, dass auch ihre Wünsche zählen, dann schafft das Vertrauen und Selbstsicherheit.

Wer Kompromissbereitschaft signalisiert und Zugeständnisse macht, kommt nicht in den Verdacht, sich als großer Manitu oder Besserwisser aufzuspielen. Das gefällt Kindern, denn sie wollen unbedingt mitbestimmen.

Machtkämpfe lieber vermeiden?

Eltern wollen heute gern die Freunde ihres Kindes sein. Deshalb verbrüdern sie sich mit ihrem Sohn, mit ihrer Tochter und möchten vielleicht sogar beim Vornamen genannt werden.

Andere bezeichnen sich als Partner ihres Kindes, auf einer Ebene mit ihm stehend – wollen nicht so abgehoben über ihm thronen wie die Väter und Mütter früherer Zeiten.

Was verlockend und modern klingt, hat einen Haken. Denn Eltern sind nicht die Freunde ihrer Kinder und auch nicht gleichberechtigte Partner. Sie stehen eben nicht auf einer Ebene mit ihnen, sondern haben ihrem Nachwuchs einiges voraus – nicht nur an Jahren und Zentimetern, sondern auch an Lebenserfahrung.

Für jedes Kind sind seine Eltern einmalig, etwas ganz Besonderes: Meine Mutter, mein Vater – niemand sonst darf sich so nennen. Sie haben mich lieb – diese Gewissheit braucht jeder Sohn und jede Tochter. Dazu ist diese besondere Stellung mit einer Machtposition verbunden. Jedes Kind ist von seinen Eltern abhängig – so lange, bis es sicher genug ist, eigene Wege zu gehen.

Auseinandersetzungen sind normal

Mancher Steppke mag mit seinen fünf, sechs, sieben Jahren nicht länger wie ein Kind behandelt werden. Die ewige Abhängigkeit von Mutter und Vater ist lästig. Deshalb ist sein Drang nach Selbstständigkeit groß. Furchtbar – ständig von den Erwachsenen auf dem Weg in die Freiheit gebremst und wieder in die Kinderecke bugsiert zu werden. Überall werden ihm Beschränkungen auferlegt: »Das ist noch nichts für dich!« Oder: »Das musst du doch langsam können!« Dauernd spielen die Großen ihre Macht aus – so sieht das jedenfalls mancher Knirps. Nein, wir nehmen nur unsere Verantwortung wahr, verteidigen sich Eltern gern. Die Erwachsenen wollen festhalten – die Kinder hingegen losstürmen. Die Folge: Auseinandersetzungen sind an der Tagesordnung. Das ist normal.

Machtkämpfe sind Pattsituationen

Und warum werden aus Auseinandersetzungen häufig Machtkämpfe? Weil sich starke Kinder besonders vehement gegen die Vorherrschaft der Erwachsenen wehren. Sie fühlen sich fremdbestimmt. Wollen selbst sagen, wo's langgeht. Leisten Widerstand. Üben sich in Ungehorsam. Ihre Botschaft heißt: Wer sitzt am längeren Hebel? Weil Erwachsene empfindlich auf solche Kampfsport-Ansagen reagieren, weil sie daraufhin gern neue Grenzen setzen und neue Regeln ausbrüten, rebellieren die Kinder erst recht, und die Fronten verhärten sich zunehmend. Die Spirale schraubt sich also hoch: Jeder besteht darauf, im Recht zu sein, jeder will seinen Willen durchsetzen.

Machtkämpfe sind letztlich Pattsituationen. Nichts bewegt sich mehr. Jeder beharrt auf seiner Position. Alle lassen die Muskeln spielen und betrachten Auseinandersetzungen als Kampf: »Wer ist der Stärkere?«

Nur wenn der Klügere nachgibt, Kompromiss- und Gesprächsbereitschaft signalisiert, und der Kontrahent mitzieht, kann aus einem Machtkampf ein fruchtbarer Diskurs werden.

Wenn nicht anders möglich, müssen die Erwachsenen den Machtkampf durchstehen, schließlich beenden und klare Grenzen setzen: »Nein, jetzt reicht's!«

Mein Kind will nicht ins Bett!

Eine lange Gute-Nacht-Geschichte, ein dicker Kuss, dann feste drücken, winke, winke und »Schlaf schön!« – jeden Abend das gleiche Ritual und die Hoffnung der erschöpften Eltern, dass ihr Mäuschen daraufhin sofort und selig einschlafen möge. Sie haben ihre Zweifel ... und diese Zweifel erfüllen sich prompt: Denn, wie immer, denkt ihr Mäuschen auch heute nicht daran, auf der Stelle einzuschlafen. Nach wenigen Minuten steht es wieder auf der Matte, lächelt seine Eltern süß an und wispert: »Ich kann nicht schlafen!« Ich kann nicht mehr, ich mag nicht mehr, denkt die genervte Mutter, und auch den Vater scheint das Intermezzo nicht zu erfreuen.

Wie stellt man es bloß an, dass ein müdes kleines Mädchen abends in seinem Bett bleibt, sich einfach niederlegt und einschläft, ohne vorher einen Riesenzirkus zu inszenieren – rein ins Bett, raus aus dem Bett, und das ich weiß nicht wie oft und vor allem Abend für Abend?

Was tun?

1. Machtkämpfen aus dem Wege gehen – richtig, aber bisweilen nicht zu machen. Zum Beispiel in diesem Fall. Denn hier ist er längst zum festen Ritual geworden. Deshalb sollte das Töchterchen ganz schnell auf schonende Art lernen, dass Mami und Papi hier zu bestimmen haben. Und die sagen klipp und klar: »Jetzt ist Bettgehzeit,
   – weil du deinen Schlaf brauchst!
   – weil der Tag lang genug für dich war!
   – weil wir Zeit für uns haben möchten, uns eine Weile allein unterhalten wollen.«

2. Die wenigsten Kinder geben gleich auf. Das eingespielte Ritual ist ihnen viel zu wichtig. Deshalb sollten Eltern deutlich einen Schlussstrich ziehen, ihr Kind unter den Arm klemmen, zurück ins Bett tragen und die Tür mit einem nachdrücklichen »Schlaf gut!« schließen.

Wenn Kinder keine Ruhe geben

Ein Irrtum zu glauben, dass jetzt Ruhe herrschen wird. Im Gegenteil: So schnell gibt ein routinierter Einschlaf-Muffel nicht auf. Weint. Zetert. Wie darauf reagieren? Die Tür kurz öffnen und von dort aus mit fester Stimme – freundlich, aber knapp – sagen: »Du schläfst jetzt!«

- Nicht das Zimmer betreten.
- Keine Diskussion anzetteln und zulassen.
- Nicht groß trösten.
- Nur signalisieren: »Du bist nicht allein. Wir sind da. Mehr spielt sich jetzt nicht mehr ab.«

Wiederholt sich dieses Spiel, wird es auf Dauer langweilig – denn jeden Abend die gleiche Leier ohne Überraschungseffekte ist auch öde. Also wird das Kind schließlich im Bett bleiben, denn es hat die Botschaft verstanden, die heißt: Hier kommst du nicht weiter. Wir Eltern lassen uns auf dein Spiel nicht mehr ein.

Ein besonders temperamentvolles, energisches Wesen hält allerdings vielleicht noch länger durch. Es hat Ausdauer und kommt alle Abende wieder mit seinem »Ich kann nicht schlafen!« Bestehen die Eltern die Geduldsprobe, bleiben sie klar bei ihrer Linie und das manchmal wochenlang, gibt sich das Problem mit der Zeit. Aber sie brauchen viel Durchhaltevermögen.

Abstand halten gleich Liebesentzug?

Lässt ein kleiner Wicht seine Muskeln spielen, provoziert er und zettelt Machtkämpfe an, bleibt Erwachsenen oft nichts anderes übrig, als strikt durchzugreifen. Sensibleren Gemütern fällt das schwer. Sie mögen nicht »Schluss!« sagen, einen Riegel vorschieben, ihr Kind

- *resolut in sein Bett verbannen*, weil es seinen Schlaf braucht,
- *unter den Arm klemmen* und vom Ort seiner Schandtaten entfernen, wenn es zum x-ten Mal das getan hat, was es nicht tun sollte.

Steigt der Sohn, die Tochter seit Monaten Abend für Abend aus dem Bett und kreuzt vergnügt wieder im Wohnzimmer auf oder wird dauernd die jüngere Schwester geärgert, sind viele Erwachsene irgendwann mürbe – und schließlich doch bereit, klare Grenzen zu ziehen.

Vielen fällt die Erkenntnis schwer, dass mit freundlicher, verständnis- und liebevoller Anteilnahme ihrem kleinen Früchtchen wohl nicht immer beizukommen ist. Schweren Herzens entscheiden sie sich dann, strenger durchzugreifen – wenn's denn schließlich sein muss.

Nicht jede Träne gleich abtrocknen

Nachdem es endgültig in seine Schranken verwiesen wurde – »Ab ins Bett!« –, sitzt oft ein Häufchen Elend weinend im Kinderzimmer. Und den Eltern ist ebenfalls zum Heulen zumute – erst recht, wenn nagende Zweifel dazukommen: Muss ich in solch einem Moment wirklich

- *darauf verzichten zu trösten,* mein Herzchen in die Arme zu schließen und zu sagen »Alles ist gut«?
- *auf Abstand gehen,* in der Tür stehen bleiben – die Ruhe selbst und kühl – und meinem Kind nur das Nötigste an Beachtung schenken? Ja, denn manchmal braucht ein Kind seine Auszeit – Abstand zu seinen Vertrauten, um zur Besinnung zu kommen.

Liebe bedeutet nicht Harmonie pur

Wenn man einem Kind ausgesprochen sachlich kommt, nicht gleich lächelnd wieder Kontakt aufnimmt, sondern sich zurückzieht, ist das nicht etwa Liebesentzug? Nein.

- *Auf Abstand gehen heißt:* »Wir lassen uns von dir nicht auf dem Kopf herumtanzen! Wir zeigen dir, dass du nicht alles mit uns machen kannst, indem wir uns einen Moment zurückziehen.«
- *Liebesentzug heißt:* »Wir haben die Nase voll von dir! Wir zeigen dir, dass wir wenig von dir halten, kein Vertrauen in dich haben und sich unsere Liebe in Grenzen hält. Dass unsere Zuneigung an bestimmte Erwartungen geknüpft ist. Nur wenn du unseren Vorstellungen entsprichst, kannst du mit Zuwendung rechnen.«

Kinder brauchen emotionale Sicherheit

Egal, ob sie erst ein paar Monate alt sind oder schon ein paar Jahre – alle Kinder brauchen Wärme und Liebe, um zu gedeihen. Wer ihnen diese Liebe entzieht oder vorenthält, zieht ihnen gleichzeitig den Boden unter den Füßen weg, nimmt ihnen die Sicherheit, die sie brauchen. Deshalb ist Liebesentzug tabu – darf nie als Mittel missbraucht werden, um ein Kind zum Einlenken zu bringen, wenn es Unsinn gemacht hat.

Von Störenfrieden und Nervensägen

Die großen Kinder kommen gleich hungrig aus der Schule – nicht mehr viel Zeit, das Essen zu bereiten. Der dreijährige Bruder der Schulkinder ist zu Hause. Angelockt von wunderbarem Schnitzelduft verlässt er das Kinderzimmer und gesellt sich zu seiner Mutter in die Küche. Ihm wäre jetzt nach einer kleinen Unterhaltung zumute, seiner Mutter dagegen weniger, denn sie muss sich auf die Schnitzel konzentrieren, fix Salatblätter waschen und die Soße anrühren. Deshalb reagiert sie einsilbig auf die Unterhaltungsversuche ihres Sohnes, und das gefällt ihm gar nicht.

»Hier bin ich – nimm mich wahr!«

Der Filius tut daraufhin einiges, um Beachtung zu finden. Erst tritt er mit dem Fuß gegen den Kühlschrank. Nichts passiert. Dann bohrt er mit dem Daumen Löcher in ein Stück Käse, das auf dem Tisch liegt. »Lass das!«, bekommt er jetzt zu hören. Er macht weiter. Seine Mutter bittet ihn noch einmal, den Käse aus der Hand zu legen. Nützt nichts. Dann versucht sie, den Kleinen mit Arbeiten abzulenken: »Du kannst schon mal Gabeln auf den Tisch legen!« Der Sohnemann mag nicht helfen, sondern will unterhalten werden. Seine Mutter soll sich ihm gefälligst widmen. Weil sie es nicht tut, beginnt er wieder gegen den Kühlschrank zu treten. Verflixt noch eins – nun reicht es aber! Jetzt ist eine Auseinandersetzung fällig. Die Mutter geht neben ihrem Sohn in die Hocke, schaut ihn an und überlegt …

Er ist am Ziel seiner Wünsche – »Mami nimmt sich Zeit für mich«. Seine Mutter ist ratlos.

Was tun?

1. Den Jungen auf den Arm nehmen, aus der Kampfarena Küche entfernen? Ihn
   - *wegtragen.* Wird er ins Kinderzimmer gebracht und mit einem »Nachher habe ich Zeit für dich, jetzt nicht« abgesetzt, steht er garantiert gleich wieder in der Küche, weil er die Erklärung nicht akzeptieren mag. Dann beginnt die Geschichte wieder von vorne,
   - *ablenken.* Einen Konfrontationskurs vermeiden. Am besten lassen sich Dreijährige immer noch mit Spielen beschäftigen: »Zeig mir, was du vorhin gebaut hast! Vielleicht magst du die Stadt fertig bauen, und ich besichtige sie nach dem Mittagessen!«
2. Was tun, wenn der Junge Minuten später trotzdem wieder in der Küche aufkreuzt, den Eisschrank erneut mit Tritten traktiert? Die Kocherei vorerst aufgeben und erklären: »Wenn du mich weiterhin störst, gibt's heute eben kein Mittagessen!« Lässt der Knabe seine Störmanöver nicht,
   - *entweder* mit dem Störenfried ins Wohnzimmer abziehen, äußerlich gelassen bleiben, nicht schimpfen, aber auch nicht auf den Jungen eingehen. Zeitung lesen,
   - *oder* Töpfe, Pfannen in Sicherheit bringen und dann die Küche verlassen.
3. Gibt der Junge noch immer keine Ruhe, bewirft er seine Mutter jetzt vielleicht sogar mit Hausschuhen oder haut sie, ist es angesagt, ihn ins Kinderzimmer zu verfrachten und ihm dort eine Auszeit zu verordnen: »Jetzt bleibst du hier ein Weilchen!«

Harte Auseinandersetzungen werden meist von Weinen begleitet oder arten in laute Verzweiflungsanfälle aus. Dann ist es sinnvoll, auf Abstand zu gehen und abzuwarten. Ist der Anfall vorüber, das Kind in die Arme nehmen.

Gemeinsam den Alltag regeln?

In einer Gruppe kann keiner tun und lassen, was er will, denn sonst würde Chaos herrschen. Der Selbstverwirklichung und Freiheit sind immer Grenzen gesetzt – zum Beispiel da, wo die Freiheit anderer tangiert wird. In Gemeinschaften wird stets neu durchgespielt, wo diese Grenzen zu ziehen sind, welche Regeln zu gelten haben, nach dem Motto:

- »Was kannst *du* tun, was musst *du* lassen?
- »Was kann *ich* tun, was muss *ich* lassen?

Auch Kleine wollen mitbestimmen

In der Kleingruppe Familie bestimmen die Regeln und Grenzen primär die Erwachsenen. Sie legen die Richtlinien der Politik fest, solange ihr Kind noch klein ist. Klar, über ein Baby wird meist hinwegregiert, denn es schläft oft und stellt kaum Ansprüche an Mitbestimmung. Aber das ändert sich, wenn das Kind groß und größer wird und damit sein Drang nach Selbstständigkeit und Selbstbestimmung wächst. Es macht sich jetzt zunehmend bemerkbar und besteht auf dem Mitreden.

- *In früheren Zeiten* nahmen Eltern dieses Bedürfnis nicht ernst. Sie allein hatten das Sagen, legten die Spielregeln für den Familienbetrieb fest, und das Kind fügte sich.
  Diese Regeln festzulegen – das war nicht schwierig. Man orientierte sich an anderen, denn in den Familien galten weitgehend ein und dieselben Normen: MAN hatte zu knicksen, zu grüßen und nett zu sein …
- *Heute* sehen Mütter und Väter ihr Kind mit anderen Augen, respektieren eher seine Wünsche nach Mitbestimmung. Deshalb legen sie die Regeln, die zu Hause gelten sollen, seltener über

seinen Kopf hinweg fest, häufiger darf ihr Sprössling mitreden. Eigene Maßstäbe finden, Regeln festlegen – kein einfacher Prozess. Vielen fällt es schwer, sich zu orientieren, denn verbindliche Richtlinien in Sachen Erziehung sind rar geworden. Heute muss jeder weitgehend ein eigenes Konzept entwickeln, weil die Normen vergangener Zeiten nur noch beschränkt gelten. Es ist nicht mehr entscheidend, was MAN tut oder lässt, sondern was ICH tue oder lasse. Einen eigenen Weg finden, diese Aufgabe ist Chance, aber auch Herausforderung.

Macht jeder seine eigenen Regeln?

Manche machen sich reichlich viele Gedanken

- *über die Bedürfnisse* ihres Kindes. Ein Beispiel: Besteht die Tochter während eines Ausflugs darauf, im Matsch herumzustapfen, dann heißt es heute nicht mehr automatisch »Lass das! Deine Klamotten haben sauber zu bleiben«, sondern es wird vorsichtig abgewogen: »Was ist wichtiger – meine Vorstellungen von gepflegtem Äußeren oder die Freude am Herumpatschen?«
- *über die Mitbestimmung:* Ab wann kann ein Kind eigentlich mitreden, welche Regeln wie, wo und wann zu gelten haben? Weil jedes Kind, jede Mutter, jeder Vater anders ist, sind eindeutige Antworten auf diese Fragen schwer zu finden. So gilt heute: Jede Mutter, jeder Vater muss selbst herausfinden, wie viel Freiheit und wie viele Regeln sein Kind braucht. Das zu erkennen erfordert Einfühlungsvermögen und Engagement für die Belange des Kindes.

Kinder, die beschützt und geliebt werden, halten sich auf Dauer an die meisten Regeln, auf die sich die Familie geeinigt hat – jedenfalls dann, wenn sie bei deren Festlegung ein Wörtchen mitzureden haben.

»Mach nicht so viel Lärm!«

Der typische Stoßseufzer einer gestressten Mutter: »Ein bisschen mehr Ruhe wäre wunderbar!« Ihr Wunsch bleibt unerfüllt, weil der Sohnemann mit Fleiß weiterhin Lärm macht. Entweder merkt er kaum, dass sich die übrige Familie durch ihn gestört fühlt, oder es ist ihm piepegal.

Während des Mittagessens schlägt er mit dem Löffel auf seinen leeren Teller. Wird er gebeten, mit dem Lärm aufzuhören, fügt er sich murrend, um gleich darauf mit dem Messer an sein Glas zu schlagen und mit der Zunge zu schnalzen. Als ihn die Mutter bittet, diese nervtötenden Geräusche zu lassen, antwortet er: »Mag aber nicht!«

Nach dem Mittagessen dreht er das Radio auf volle Lautstärke, obwohl seine kleine Schwester gleich nebenan Mittagsschlaf macht. Als er gebeten wird, darauf Rücksicht zu nehmen, murrt er: »Ich wusste nicht, dass das stört!« Natürlich weiß der Satansbraten genau, dass sein Schwesterchen von seinem Lärm geweckt wird und dann immer furchtbar quengelig ist. Doch trotzdem kann man das Bürschchen nur schwer dazu bewegen, das Radio auszuschalten.

Minuten später hetzt er den laut bellenden Hund durchs Esszimmer – immer rund um den Tisch. Als er gebeten wird, zum Toben mit dem Hund vor die Tür zu gehen, ruft er: »Jetzt nicht, später!«

Sich Verboten beugen? Wie langweilig!

Warum macht der Junge genau das, was er nicht tun soll? Weil es einfach reizvoll ist, nach den verbotenen Früchten zu greifen und sich anschließend dumm zu stellen: Ich hatte ja keine Ahnung!

Was tun?

1. Nicht wütend schimpfen: »Ich habe dir schon hundertmal gesagt, dass du nicht so viel Lärm machen sollst«, lieber nicht durchschimmern lassen, dass man innerlich kocht, sondern äußerlich die Ruhe bewahren.
2. Wird das Treiben trotz aller Vorwarnungen eindeutig zu bunt, nicht viele Worte verlieren, sondern das Kerlchen einfach in sein Zimmer expedieren. Tür zu mit den Worten: »Ich brauche jetzt einen Moment Ruhe!«
3. Sich in die Küche zurückziehen, eine Tasse Kaffee trinken, derweil die Geschwister bitten, sich ein Weilchen in der Küche nicht blicken zu lassen. (Bei einem kleinen Kind: Ihm auf einer Uhr zeigen, wann die Ruhezeit ein Ende hat: »Wenn der große Zeiger nach unten auf die 6 zeigt!«)

Und wie reagieren, wenn er

- *mit seinen Fäusten gegen die Tür bollert?* Ihn bollern lassen, nicht darauf eingehen.
- *Bauklötze und Autos gegen die Tür wirft?* Das geht zu weit. Deshalb mit ihm reden: sachlich, ernsthaft, fest.

Reden Eltern klar und deutlich mit ihrem Kind, liegt all ihre natürliche Autorität in ihrer Stimme, so macht das auf das kleine Rumpelstilzchen genauso viel Eindruck wie Schimpfen: Der Junge kann nachvollziehen und spürt, sie meinen es ernst. Kein Raum mehr für Verhandlungen und Spielchen.

Kinder sind keine hoch empfindlichen Pflänzchen, sondern einigermaßen robust. Sie halten es aus, zwischendurch auch mal weniger zart angefasst zu werden – im Ausnahmefall.

Wird ein Dreikäsehoch reichlich mit Standpauken bedacht, stellt er sich irgendwann stur, überhört, was Mami sagt oder reagiert zunehmend aggressiv. Wird er dagegen seltener in seine Schranken verwiesen, macht das Ermahnen schon mehr Eindruck – er hört zu.

Sparsam mit Verboten umgehen?

Sie sind nicht das Nonplusultra der Erziehung, aber ganz ohne Verbote läuft der Laden zu Hause auch nicht. Schon um der Sicherheit ihres Kindes willen müssen Eltern Verbote aussprechen, manchmal auch, um sich selbst zu schützen. Das Vertrackte an Verboten ist jedoch – sie werden gern überhört, manche davon besonders gern.

Verbote übertreten – ein amüsanter Sport?

- *Verbote nach dem Gießkannenprinzip.* Die Kinder dürfen dies nicht und das nicht – mit einer ganzen Latte von Verboten sind manche eingedeckt. Da heißt es:
  - *Erstens:* Es ist verboten, die Schuhe im Flur liegen zu lassen.
  - *Zweitens:* Es ist verboten, die Jacke auf die Treppe zu legen.
  - *Drittens:* Es ist verboten, Mützen an den Türgriff zu hängen.

Du darfst dies nicht und das nicht – keiner hat Lust, sich einen üppigen Katalog von Verboten anzuhören, erst recht nicht, ihn im Gedächtnis zu behalten. Mehren sich die Tabus, schaltet jeder innerlich auf »Vergessen« oder »Nicht hinhören«. Kein Wunder, denn wer von etlichen Stoppschildern eingekesselt ist, wehrt sich gegen den Schilderwald: »Das raubt mir die Luft zum Atmen. Ich brauche mehr Freiheit!« Um sich mehr Spielraum zu verschaffen, werden die Verbote gern überhört. Die Frage nach ihrem Sinn rückt in den Hintergrund.

Wer dagegen sparsam mit Verboten bedacht wird, ist eher bereit, ein einzelnes Verbot ernst zu nehmen und vielleicht sogar darüber nachzudenken, ob man es nicht doch lieber beachtet.

> *Verbote fördern nicht unbedingt Vernunft und Einsicht. Fruchtbare Auseinandersetzungen bringen schon mehr: Sie stärken das Selbstwertgefühl, weil hier auch die Meinung der Kinder zählt und sie merken, dass sie ernst genommen werden.*

- *Verbote im Befehlston.* Kinder sind keine Befehlsempfänger. Sie wollen Mitbestimmer sein, einbezogen werden. Übersehen Eltern das, verkünden sie häufig Verbote über die Köpfe ihrer Sprösslinge hinweg, ohne zu erklären, warum dies oder das nicht möglich sein kann, wehren sich die Kinder und halten sich nicht an die Verbote.
- *Verbote, die aus Nein-Sätzen bestehen.* Ein »Nein« und »Nicht« überhören Kinder gerne und damit Anweisungen wie: »*Nein, nicht* die Sofakissen auf dem Parkettboden verteilen!« Oder: »*Nicht* das letzte Stück Kuchen verdrücken!«

Positiv formulierte Aufforderungen ohne ein »Nein« nehmen sie schon eher zur Kenntnis: »*Lass bitte* die Kissen auf dem Sofa, denn sie sind gerade gewaschen!« Oder: »*Kannst du bitte* den restlichen Kuchen für deinen Bruder zur Seite stellen. Wenn er nach Hause kommt, wird er sich darüber freuen!«

- *Verbote, die Kinder reizen.* Manche Eltern sehen in ihrem Nachwuchs kleine Banditen, die nur darauf lauern, ihnen eins auszuwischen. Diese Gefahr versuchen sie mit Hilfe strikter Anweisungen zu bannen. Eigentlich nicht erstaunlich, dass solche negativen Erwartungen und Unterstellungen Kinder reizen, ja sogar erst auf die Idee bringen, dagegen aufzubegehren.

Fazit: Die meisten Verbote bringen wenig. Beschränken sich Eltern auf das Wesentliche, gehen sie sparsam mit Verboten um, danken es ihnen die Kinder: Sie sind bereit, sich daran zu halten.

Im Dauerstreit um Tischmanieren

Beide Ellenbogen liegen auf dem Tisch, die Nase hängt im Suppenteller, und die Serviette baumelt über der Stuhllehne. Kein erfreuliches Bild für eine Mutter, die Wert auf Tischmanieren legt und sich seit Jahren müht, ihrer Tochter das Nötigste beizubringen. Ihre Erziehungsversuche wollen partout nicht greifen. So gibt es Tag für Tag Streit um Schmatz- und Schlürfgeräusche, um gieriges Schnellessen und Pulen im Gemüse. Lästig und ärgerlich – sollen Eltern den Kampf um gute Tischmanieren durchstehen oder die guten Sitten weniger ernst nehmen?

Was tun?

1. Manche Themen kommen immer wieder aufs Tapet. Das Thema Tischmanieren zählt dazu. Tag für Tag dieselbe Leier: »Sitz gerade! Heb den Ellbogen an, wenn du isst!« Wenn Mutter oder Vater ihrem Kind damit kommen, schaltet es ab. Die Lehre daraus: Nicht in Dauermeckereien verfallen, denn Schimpfen bringt gar nichts.
2. Eine Mutter, die Wert auf gute Tischmanieren legt, sollte ihren Nachwuchs sachlich und kurz verbessern, wenn die Manieren zu wünschen übrig lassen – aber nur im Rahmen der engeren Familie. Den kleinen Schmatzer oder Schlürfer bitte nicht »vorführen«, wenn Gäste mit am Tisch sitzen!
3. Erklären, warum Tischmanieren Sinn machen: »Jeder soll sich bei Tisch wohl fühlen. Ein Teil des Wohlfühlens ist dadurch bestimmt, dass sich alle zu benehmen wissen und die Manieren beachten, auf die sich die Leute in Mitteleuropa geeinigt haben!«
4. Gemeinsam einige Grenzen festlegen, die bei Tisch zu Hause gelten sollen:

- Schmatzen und Schlürfen = verboten
- Rülpsen und Pupsen = verboten
- Mit vollem Mund sprechen = verboten
- Mit dem Besteck in der Luft herumwedeln = verboten

5. Die eigenen Gefühle in Worte fassen. Beschreiben, warum es angenehmer ist, mit Menschen am Tisch zu sitzen, die sich zu benehmen wissen: »Ich bin dann wesentlich entspannter, kann mich besser auf die Tischgespräche und das Essen konzentrieren und alles zusammen genießen.«
6. Das Loben nicht vergessen, wenn sich die Tischsitten bessern. Aber auch ohne ausdrückliches Lob merkt ein Kind an der besseren Stimmung während der Mahlzeiten – keine Ermahnungen mehr, keine genervten Blicke –, wenn seine Manieren in Ordnung sind, und kann sich über solch ein Erfolgserlebnis durchaus freuen.

Ab an den Katzentisch?

7. Und wenn gar nichts hilft – nicht das Erklären, nicht das gute Vorbild der Eltern – und ein Kind stur auf seinen miesen Manieren beharrt, was dann? Einfach die gemeinsamen Mahlzeiten kündigen. Das heißt
   – *entweder:* Wer sich belästigt fühlt, nimmt Besteck und Teller samt Kartoffeln und Gemüse und verzieht sich nach nebenan mit der Bemerkung: »Ich will mich nicht über miese Essmanieren ärgern, sonst schlägt mir das auf den Magen!«
   – *oder:* Derjenige, der sich schlecht benimmt, muss das Weite suchen, weil »es eine Zumutung für alle anderen ist, wenn einer beim Essen rülpst«.

Warum können Pflichten Freude machen?

Im Kindergarten, erst recht in der Schule wird neben allem anderen auch soziales Verhalten geübt – Schritt für Schritt wird ein Kind jetzt selbstständiger. Es lernt,

- *sich in einer Gruppe zu behaupten* und in einem fremden Umfeld zu bewegen,
- *die Regeln zu berücksichtigen*, die das Kindergarten- und Schulleben bestimmen,
- *Freunde zu finden* und Freundschaften zu pflegen.

Die meisten Kinder genießen ihre wachsende Unabhängigkeit. Manche Mütter und Väter tun sich dagegen schwer, Schritt zu halten und ihr Kind, das auf eigene Füße kommen will, zu unterstützen. Es fällt ihnen nicht leicht, ihre Verantwortung nach und nach abzugeben. Das hat verschiedene Gründe:

Erstens: Viele trauern der Kleinkindzeit nach, als sie sich noch intensiver um Sohn oder Tochter kümmern mussten. Weil sie sich weiterhin kümmern *wollen*, räumen sie ihrem Kind jeden Krümel aus dem Weg:

– *Warum* soll ich meine Tochter bitten aufzuräumen, wenn ich die Wohnung morgens sowieso auf Zack bringe und das Aufräumen ihres Zimmers gleich miterledigen kann?

– *Warum* soll unser Kind zu Fuß zur Schule wandern, und das bei Eiseskälte, wenn der Wagen vor der Tür steht und ich Zeit habe, es zu fahren?

Zweitens: Nicht wenige wollen Stress vermeiden und zögern deshalb, ihrem Kind mehr Verantwortung zu übertragen, denn sie wissen genau: In der Anfangsphase kommen damit neue Anstrengungen auf sie zu.

– *Warum* soll ich meiner Tochter erst beibringen, Kuchen zu backen, wenn es doch viel bequemer ist, den Kuchen schnell beim Bäcker zu kaufen?

– *Warum* soll ich unserem Kind zeigen, wie es einen Fahrradreifen flickt? Man kann das Rad doch in die Werkstatt bringen, das macht weniger Mühe.

Drittens: Manche wollen ihrem Kind möglichst viele Freiräume gönnen. Ihr Argument: Wenn es mal erwachsen ist, muss es noch mehr als genug Verantwortung übernehmen.

– *Warum* ein Kind einengen und ihm Manieren beibringen, wenn es sie später lernen kann – wenn's denn sein muss!

– *Warum* die kleine Tochter dazu verdonnern, der Oma zu schreiben, wenn sie keine Lust dazu hat. Mit Pflichtprogrammen kann sie sich später noch genug herumärgern.

Erfolgserlebnisse machen froh

Eltern tun ihrem Nachwuchs keinen Gefallen, wenn sie Pflichten, Unannehmlichkeiten und Anstrengungen möglichst von ihm fern halten, ihm alles abnehmen, denn solche Entlastungsversuche verursachen eher Unzufriedenheit. Wird dagegen von dem Kind im rechten Maß erwartet, dass es

- Aufgaben und Verantwortung übernimmt,
- sich für andere einsetzt,
- bestimmte Pflichten erledigt,

so wird das nicht unbedingt als Einengung und Freiheitsberaubung empfunden, sondern oft als Bereicherung. Der Grund: Jedes Kind will gefordert werden. Will Pflichten erfüllen. Verantwortung übernehmen und sich über damit verbundene Erfolgserlebnisse freuen. Es tut gut, die eigenen Kräfte zu spüren und Fähigkeiten wahrzunehmen.

Keine Spur von guten Manieren

Die Großmutter ist zu Besuch gekommen – nicht die vertraute Oma, die zwei Straßen weiter wohnt und fast täglich hereinschaut, sondern die andere, die »fremde« Großmutter, die weit entfernt lebt und nur einmal im Jahr auftaucht.

Von Anfang an ist der Besuch schief gelaufen. Zuerst hat sich die Enkeltochter von der fremden Großmutter nicht in die Arme nehmen lassen und nicht anständig »Guten Tag« gesagt. Außerdem hat sie sich für das Bilderbuch nicht bedankt, das die Großmutter ihr mitgebracht hat, sondern ist damit gleich Richtung Kinderzimmer entschwunden. Die Großmutter zeigt pikiertes Erstaunen und wundert sich sichtlich. Verunsichert und aufgeregt reagiert die Mutter auf den Fauxpas, entschuldigt sich übereifrig, rennt hinter ihrem Kind her und bekniet es: »Tu mir den Gefallen. Benimm dich!« Die Tochter bleibt stur und liefert bei der Großmutter kein Danke ab.

Was tun?

1. Appelle wie »Nun benimm dich endlich!« helfen nicht weiter. Im Gegenteil. Unter Druck gesetzt, blockiert ein Kind erst recht und denkt nicht daran, die Erwartungen zu erfüllen.
   – Insistieren Erwachsene an diesem Punkt, entsteht schnell ein anstrengender und aussichtsloser Machtkampf. Besser: einem Machtkampf aus dem Weg gehen und die Auseinandersetzung vertagen.
2. Nach den Gründen der Verweigerung fragen. Warum kann oder will das Mädchen nicht auf die Großmutter zugehen?
   – *Weil es unter Druck steht.* Es spürt die Anspannung. Kann sich nicht richtig erklären, warum seine Mutter so aufgeregt ist,

ahnt, dass die Großmutter damit zu tun haben muss. Diese Spannung überträgt sich auf das Kind. Zeigt die Mutter Verständnis für das Verhalten ihrer Tochter, ist der erste Schritt in die richtige Richtung getan. *Die Lösung:* Dem Kind erklären, welchen Grund die eigene Anspannung hat. Später, wenn sich die Wogen geglättet haben, mit ihm über das Thema Höflichkeit reden.

– *Weil es schüchtern ist.* Manchmal ist man einfach unfähig, das zu tun oder zu sagen, was man eigentlich tun und sagen möchte. Dann bleibt einem jedes Wort im Halse stecken. *Die Lösung:* Keine Diskussion anzetteln. Das Thema Schüchternheit aber im Kopf behalten und später, nach dem Besuch der Großmutter, nach Möglichkeiten suchen, das Selbstwertgefühl des Mädchens zu stärken.

– *Weil es sich interessant machen will.* Erwartungen nicht erfüllen, sich verweigern – ein sicheres Mittel, Beachtung zu finden. Manchem Kind ist jedes Mittel recht, Aufmerksamkeit zu erregen – auch eine Riesenportion Unhöflichkeit. *Die Lösung:* Eine klare Grenze setzen. Der Tochter kurz und knapp erklären, warum ihr Verhalten nicht in Ordnung ist.

3. Später gemeinsam mit dem Mädchen überlegen, wie der Besuch der Großmutter noch zum Erfolg werden kann.
4. Um Verständnis für die Tochter bei der Großmutter werben. Ihr von dem Enkelkind erzählen, damit sie es besser kennen lernt.

Rücksicht nehmen aus der Mode?

Gutes Benehmen, Rücksichtnahme auf die Bedürfnisse anderer – viele beklagen, dass es den Kindern von heute an guten Umgangsformen mangelt. In der Schule, im Kindergarten – überall wird die gleiche Litanei gesungen: Sie grüßen nicht, heißt es. Sie sagen nicht Danke. Nehmen sich das dickste Stück Fleisch von der Platte und knallen ihren Mitmenschen die Tür vor der Nase zu – alles in allem: Sie wissen kaum noch, was Höflichkeit ist.

Die Kinder lassen sich heute von solchen Klageliedern selten einschüchtern. Stattdessen fragen sie selbstbewusst: »Warum sollen wir höflich sein?«

- *Weil Höflichkeit Stress mindert.* Gutes Benehmen heißt: Ich berücksichtige bestimmte Regeln, auf die sich die Menschen in unseren Breiten geeinigt haben, um unser Zusammenleben angenehmer zu gestalten. Sinn dieser ungeschriebenen Gesetze: Ich habe nicht nur mich und meine Bedürfnisse im Blick, sondern auch meine Mitmenschen und deren Wünsche. Und auch das Umgekehrte gilt.
  – Du bietest mir deinen Platz an, wenn ich mich unwohl fühle.
  – Ich biete dir meinen Platz an, wenn du dich unwohl fühlst.
  Dieses »Geschäft« auf Gegenseitigkeit erleichtert den Alltag und nützt damit allen.
- *Weil Höflichkeit Sicherheit schafft.* Wer gut erzogen ist, weiß sich, egal in welcher Gruppe, zu benehmen, denn er kennt die Spielregeln, die das Zusammenleben organisieren. (Was nicht heißen muss, dass jede dieser Regeln Sinn macht.) Wer die Regeln kennt, beherrscht das Spiel. Weiß,
  – dass ein Messer nicht abgeleckt wird,

– dass ein Teller nicht übermäßig mit Fleisch und Gemüse voll gepackt wird.

Wer die Spielregeln beherrscht, fühlt sich sicherer – auf Dauer sicher genug, nur das zu beherzigen, was auch wirklich Sinn macht – gemessen an den eigenen Wertmaßstäben.

Statt Formalitäten soziales Verhalten

Und was macht Sinn? »Wieso soll ich die Tür aufhalten oder einen Dankesbrief schreiben?« Welche Höflichkeitsrituale sind wichtig und warum? Eindeutige Antworten zu geben fällt schwer. Sind die einen Eltern davon überzeugt, ihr Kind müsse frühzeitig lernen, Danke zu sagen, meinen die anderen, das Grüßen sei vorrangiger. Ganz gleich, welche ihnen besonders wichtig sind – wie können Eltern ihre Vorstellungen von gutem Benehmen weitergeben? Soll ihr Kind die Regeln der Höflichkeit wie Vokabeln pauken?

Heute wird nichts mehr so einfach übernommen, sondern alles hinterfragt. Die Zeiten erstarrter Formen und Konventionen sind vorbei. Der Nachwuchs mag sich nicht drillen lassen, sondern will überzeugt werden. Überzeugen heißt, mehr als nur gute Begründungen für Verhaltensregeln zu liefern. Es bedeutet:

- *die Augen öffnen* für die Bedürfnisse anderer, Verständnis wecken,
- *Anregungen geben* in Gesprächen über die Wünsche anderer Menschen, über die Werte, die das Handeln bestimmen oder über den Mangel an Werten,
- *vorleben,* dass es zufrieden macht, nicht nur auf den eigenen Vorteil aus zu sein, sondern auch die Belange anderer zu berücksichtigen.

Mein Kind verstummt plötzlich

Die Freundin der Mutter kommt zu Besuch. Sie steht im Flur. Zieht gerade ihren Mantel aus. Und schon geschieht das, wovor dem siebenjährigen Sohn des Hauses graust: die Begrüßung. »Wo ist denn der Junge?«, ruft die Besucherin. Widerwillig tritt der Kleine in den Flur, wird sogleich geküsst, fest in die Arme genommen und zu allem Überfluss auch noch »Mein Knuddel« genannt. Dem Knuddel reicht's. Er verzieht sich schleunigst Richtung Kinderzimmer. Nützt nichts, denn er wird zurückgerufen, soll sich im Wohnzimmer zu den Damen setzen und von der Schule erzählen. Nicht nur Wischiwaschi von sich geben, sondern gründlich berichten. Die Besucherin will alles genau wissen, denn sie ist Lehrerin und interessiert sich rasend für dieses Kind und seine Schule.

Das hat dem Siebenjährigen gerade noch gefehlt. Er hockt auf seinem Stuhl wie ein hypnotisiertes Kaninchen. Auf Kommando mag und kann er nicht erzählen. Stumm sitzt er da, sagt keinen Ton – auch nicht nach mehrmaligem Bitten. Seine Mutter wird ungeduldig: »Nun komm schon, erzähl uns was!« Hilflosigkeit, aber auch Trotz zeichnen sich in seinem Gesicht ab.

Was tun?

Ein Kind bitte nicht ständig umschwirren wie eine Motte das Licht. »Mach doch mal …, willst du nicht …« Dieses aufgeregte Flattern würde jeden nervös machen. Es hat keinen Zweck, den Jungen ständig zu ermahnen und aufzufordern, denn das verstärkt seine Nervosität nur noch. Auf Zwang und Druck reagieren die meisten allergisch – so auch dieser Siebenjährige. Er fühlt sich überrumpelt, genötigt. Deshalb lässt er seine Jalousien fallen und verschwindet dahinter.

Auch ein behutsameres Vorgehen, eine vorsichtige Frage wie »Magst du mir aus der Schule erzählen?« wird wahrscheinlich nicht fruchten. Denn in solch einer angespannten Stresssituation – das Herzen und Küssen ist noch nicht verkraftet – würde sich kaum einer, auch dieses Bürschchen nicht, bereit erklären, Geschichten aus seinem Schulleben zu erzählen.

Warum kann das Kind kein Wort sagen?

Zeichnen sich Widerwillen und Trotz auf einem Kindergesicht ab, sollten bei Müttern und Vätern die Alarmglocken schrillen. Mit Druck, und sei er noch so sanft, lässt sich jetzt bestimmt nichts erreichen. Im Gegenteil. Jedes aufmunternde Wort ist ein Wort zu viel, das den Jungen endgültig verstummen lässt. Wahrscheinlich würde er dann irgendwann wütend losbrüllen: »Ihr könnt mich mal ... Ich will nicht erzählen!«

Die Lösung ist ganz einfach

Erkennen, dass der Junge in Not ist:

- *Einerseits* will er sich den Wünschen seiner Mutter nicht klar widersetzen, begibt sich also brav zu den Damen ins Wohnzimmer.
- *Andererseits* kann er die Situation kaum aushalten, fühlt sich unwohl, mag nicht auf Kommando funktionieren.

Er will aus diesem Zwiespalt erlöst werden mit den Worten: »Zieh ab, wenn du magst!«

Immer freundlich sein? Bloß nicht!

Nicht wenige Eltern sind ihrem Kind dauernd mit immer neuen Anweisungen auf den Fersen:

- *»Zieh das gelbe T-Shirt an,* es steht dir besser als das rote!«
- *»Iss nicht nur Fleisch und Kartoffeln,* sondern auch Salat! Du brauchst Vitamine!«

Zwar würde der Sohn oder die Tochter lieber das rote als das gelbe T-Shirt tragen, Fleisch und Kartoffeln ohne Gemüse essen, fügt sich aber den mütterlichen Anordnungen und legt keinen Protest ein. Warum setzt es sich nicht auseinander, warum wehrt es sich nicht, wenn es doch anderer Meinung ist?

- *Aus Bequemlichkeit.* »Warum soll ich mich streiten? Ist mir viel zu anstrengend. Da kommt ja doch nichts dabei heraus!«
- *Aus Angst.* »Gegen meine Mutter und ihren starken Willen komme ich nicht an! Sie buttert mich gleich unter, wenn ich den Mund aufmache!«

Manches Kind fühlt sich ausgeliefert, denn seine Mutter weiß nicht nur genau, was sie will, sie kann ihre Meinung auch mit Nachdruck vertreten.

Anpassung ja, aber nicht übermäßig

Wenn sich ein Kind nur wohl verhält, weil es seine Ruhe haben will oder sich vor Auseinandersetzungen scheut, wenn es laufend tut, was die Erwachsenen von ihm erwarten und Ja sagt, obwohl es Nein meint, lernt es nicht, seine Interessen zu vertreten. Die eigenen

Wünsche geraten in den Hintergrund. Die Folge: Das Kind verliert sich selbst aus den Augen und liefert sich schutzlos dem Willen anderer aus.

Um eine übergroße Anpassung zu verhindern, muss ein Kind wissen, dass es Erwachsenen widersprechen darf und muss. Es darf sagen, wenn ihm die Dinge gegen den Strich gehen.

Eltern neigen dazu, ihre Vorstellungen von sozialem Verhalten mit Macht durchdrücken zu wollen, weil sie sich im Recht fühlen. Manchmal stoßen sie auf Widerstand, und das ist gut so, denn Kinder müssen lernen, sich zu wehren.

Widerstand leisten – manchmal nötig

Weiß ein Kind seine Meinung selbstbewusst zu vertreten, zeigt es sich auf der anderen Seite auch kompromissbereit, wird es kaum in Gefahr geraten, häufiger gegen seinen Willen zu einem bestimmten Verhalten gezwungen zu werden.

Wollen Erwachsene ihren Kopf mit Macht durchsetzen, darf sich ein Kind gegen diese Herrschaftsansprüche wehren und sie abschmettern. Dabei braucht es bisweilen den Rückhalt seiner Eltern: »Sag, was dir nicht passt!«, und ihre Ermunterung, dass es

- *der Tante sagen kann,* dass ihm das mitgebrachte Buch missfällt: »Du kannst ja erklären, warum nicht!«
- *der Großmutter mitteilen kann,* warum es nicht auf Kommando Ordnung in seinem Zimmer machen, sondern mitbestimmen will, wann es sein Zimmer aufräumt.

Heute beklagen viele, dass Kinder zu selbstbewusst, zu siegesgewiss mit ihrer Meinung auftrumpfen und sich zu selten kompromissbereit zeigen. Das Kunststück besteht für Eltern und Kinder darin, die Balance zu halten zwischen Widerstand leisten und Nachgiebigkeit üben. Es fällt schwer, gemeinsam den goldenen Mittelweg zwischen beiden Polen zu finden.

»Wer kann schnell Milch holen?«

Die Bratkartoffeln brutzeln. Der Tisch fürs Abendbrot ist gedeckt. Jetzt fehlt nur noch Milch. Keine Milch mehr im Kühlschrank? »Wer kann schnell Milch holen?«, schallt es durch die Wohnung. Eile ist angesagt, denn der Supermarkt schließt gleich. Drei Kinder in ihren Zimmern: Niemand meldet sich freiwillig zum Milchholen. Also muss einer ausgesucht werden. Die jüngste Tochter wird von ihrer Mutter freundlich gebeten, sich in Bewegung zu setzen und schnell noch Milch zu kaufen: »Hier ist das Geld, hier der Beutel – beeil dich!«

Maulend zieht die Achtjährige ab, die Riesenungerechtigkeit beklagend: »Immer muss ich springen. Nie werden die anderen gebeten! Dauernd dieses blöde Einkaufen!« Nicht etwa im Eil-, sondern im Zuckelschritt trödelt sie die Treppe hinab. »Ein bisschen mehr Tempo,« ruft ihr die Mutter hinterher. »Sonst ist der Laden zu!«

Eine Viertelstunde später steht die Achtjährige wieder vor der Tür. Ohne Milch. Der Supermarkt war schon geschlossen. Ärgerlich schimpft die Mutter: »Warum bin ich immer allein für alles verantwortlich? Mehr Unterstützung wäre nicht schlecht. Wie kann ich meine Kinder nur dazu bringen, aktiver zu werden?«

Was tun?

1. Kinder nicht zu Arbeiten verdonnern, die sie völlig ablehnen. Auch hier kompromissbereit sein und nach Mittelwegen suchen. Versuchen, für jeden etwas Akzeptables zu finden und den Nachwuchs mitbestimmen lassen. Damit wird umgangen, dass die Jüngste nur für die niederen Arbeiten eingeteilt wird.

2. Über Gerechtigkeit und Ungerechtigkeit sprechen. Erklären, warum absolute Gerechtigkeit in der Familie nicht möglich ist. An das Verständnis der Kinder appellieren: »Wir geben uns Mühe, jedem gerecht zu werden!«
3. Ein Kind nicht mit einem »Könntest du mal bitte …« überfallen, wenn es gerade mitten im Spiel oder den Hausaufgaben steckt. Respektieren, dass es jetzt eine Weile nicht gestört werden will.
4. Zeit geben, wenn das möglich ist. Viele Aufgaben müssen nicht sofort und auf der Stelle erledigt werden. Verfügt ein Kind über einen zeitlichen Spielraum, kommt es meist eher zu Potte, weil es weniger unter Druck steht. Kinder blocken ab, wenn Mami oder Papi mit Blick auf die Uhr erwartungsvoll in der Tür stehen.

Familie ist eine Arbeitsgemeinschaft

5. Mit überschwänglichem Lob oder Belohnungen zurückhaltend umgehen. Stattdessen vermitteln, dass es eine Selbstverständlichkeit ist, anfallende Aufgaben gemeinsam zu erledigen – egal ob im Haushalt, beim Einkaufen oder im Garten.
6. Ebenso mit heftiger Kritik hinter dem Berg halten – wenn überhaupt, dann die Mängel später, wenn die Arbeit schon eine Weile getan ist, kurz und sachlich ansprechen. Bitte nicht kontrollierend und alles besser wissend einem Kind hinterhergehen. Niemand mag es, wenn ihm ein Neunmalkluger über die Schulter blickt und seine Kommentare abgibt.

Schlechtes Gewissen überflüssig?

Ein Baby leidet unter Blähungen. Seine Mutter leidet mit – nicht nur, weil sich ihr Kind mit Bauchschmerzen, sondern weil sie sich zusätzlich mit einem schlechten Gewissen herumquält. Ständig fragt sie sich: »Was habe ich falsch gemacht? Bin ich schuld an den Blähungen?« Das schlechte Gewissen bleibt nicht wenigen Müttern weit über die Babyzeit hinaus erhalten. Jahrelang haben sie damit zu kämpfen.

- *Im Kindergarten.* Fallen ihre Kinder durch besondere Aggressivität auf, glauben sie, ihre Erziehung sei die Ursache dafür.
- *In der Schule.* Zeichnet sich ihr Nachwuchs durch laute Störmanöver aus, ziehen sie sich ebenfalls den Schuh wieder an und glauben, dafür mitverantwortlich zu sein.

Die Folgen für die Familie

- *Die Mütter* sind angespannt, weil sie Tag für Tag mit dem Anspruch antreten, perfekt für Kind und Kegel sorgen zu wollen. Der Perfektionismus strengt an, und die damit verbundene Anspannung färbt auf den Rest der Familie ab.
- *Die Kinder* fühlen sich durch die hohen Ansprüche ihrer Mütter oft drangsaliert und geraten, wenn sie den Forderungen gerecht werden wollen, noch mehr unter Druck. Das kann zur Folge haben, dass sie die an sie gestellten Ansprüche schließlich nicht befriedigen können oder wollen.
- *Die Väter,* in der Regel eher außen vor, nehmen die angespannte Situation wahr, lassen sich mehr oder weniger einbeziehen, sehen sich aber häufig außer Stande gegenzusteuern.

Fazit: Wenn alle Familienmitglieder unter Anspannung stehen, leidet das häusliche Klima. Wie lässt sich dieser Knoten auflösen?

Zuwendung statt Perfektionismus

Kinder brauchen weder eine perfekte Erziehung noch perfekte Eltern, sondern ein entspanntes Familienklima, um sich gesund zu entwickeln. Welche Bedingungen sind Voraussetzung dafür?

- *Liebe und Vertrauen.* Jedes Kind braucht Geborgenheit, die Bindung an Menschen, die es wahrnehmen, die seine Entwicklung mit zuverlässigem Interesse begleiten und unterstützen, die Wärme ausstrahlen und es an sich herankommen lassen. (Diese Menschen müssen nicht unbedingt Mutter oder Vater sein.)

Fehler dürfen sein

Heute setzen sie konsequent Grenzen, morgen ist das Grenzen setzen kein Thema mehr, heute kommen sie ihrem Kind mit Strafen, morgen wird diese Erziehungsmethode ad acta gelegt – geraten Erwachsene bei ihren Erziehungsversuchen mal ins Trudeln, dann steckt es ein Kind normalerweise ganz gut weg. Der Wackelkurs wirkt sich vielleicht negativ auf das momentane Familienklima aus – die Streitigkeiten mehren sich, das Kind schießt quer, weil es verunsichert ist –, aber auf Dauer wird sich das Leben wieder einpendeln, nachdem sich die Eltern gefangen haben und ab jetzt einen klareren Kurs steuern. Das Straucheln und Wackeln ist kein Grund für ein schlechtes Gewissen, sondern vielleicht ein Anlass, die eigene Haltung zu überdenken.

Und wenn sie ewig am Computer sitzen?

Nach der Schule wird schnell zu Mittag gegessen – fast schon hastig. Dass es Nachtisch gibt, ist eher lästig als angenehm, denn ihn zu löffeln kostet unnötig Zeit. Nach dem Mittagessen Hausaufgaben erledigen? Nein, das kann bis später warten. Und warum die ganze Hektik?

Der Junge will so schnell wie möglich an seinen Computer. Nachmittagelang hockt der Neunjährige vor diesem Lieblingsspielzeug und viele Abende lang. Nur noch selten verlässt er in seiner Freizeit das Haus. Noch seltener kommen Freunde zu Besuch.

Anregungen geben – aber wie?

Die Eltern des Neunjährigen machen sich Sorgen. Immer nur auf den eigenen vier Buchstaben hocken, das ist doch nicht normal? Und gesund kann es erst recht nicht sein. Dem Jungen fehlt frische Luft, Bewegung und die Gesellschaft Gleichaltriger, stellen sie fest. Wie können sie ihm alles zusammen verschaffen? Wie ihn vom Computer weglocken? Kommen sie ihm mit ihren Bedenken, wird er sofort die Ohren zuklappen und sich umgehend wieder an den Bildschirm setzen – kopfschüttelnd über diese Eltern und ihre seltsamen Vorstellungen. Was dann – wie können sie gegensteuern?

Was tun?

1. Nachdenken, aufschreiben, was sich als Gegenprogramm zu der Computerhockerei eignen könnte. Zwei Kriterien anlegen:

– **Erstens:** Was könnte auf Dauer attraktiv genug sein, um den Jungen so stark zu fesseln, dass der Computer in der Rangordnung nach hinten rückt?

– **Zweitens:** Was könnte zudem noch als Ausgleich zum stundenlangen Stillsitzen in der Schule und am Computer dienen? Das Ergebnis aller Überlegungen in diesem Fall: Fußballspielen im Verein. Und warum?

– *Weil der Junge ein gutes Ballgefühl hat,* schnell rennen kann, ein guter Taktiker ist und deshalb vermutlich Erfolg beim Spiel haben wird.

– *Weil das Fußballspielen Zeit kostet* und einiges von der Computerzeit in Anspruch nehmen wird: Training am Nachmittag, Punktspiele am Wochenende.

2. Den Jungen für die neuen Pläne gewinnen – das Schwierigste an der ganzen Sache. Freundlich, aber nachdrücklich darauf dringen, dass eine Änderung der Gewohnheiten fällig ist. Ein Neuanfang, eine Ergänzung zum Computer *muss* gesucht werden – da gibt es keine Diskussion. Wie erwartet sperrt sich der Filius gegen alle Vorstellungen seiner Eltern. Sagt stur: »Nein!« Will sich nicht am Nachdenken beteiligen, um eine andere Idee als Fußball auszubrüten.

Zum Glück zwingen – manchmal nötig?

Das Fußballspielen anordnen, allerdings mit einer Einschränkung: »Du nimmst zwei Wochen lang am Training teil. Danach sehen wir weiter!« In diesem Fall hat der Trick geklappt: Nach zwei Wochen war aus dem Computerfreund zusätzlich ein Fußballbegeisterter geworden. Die Sache mit dem Gegengewicht hat geklappt.

Sichere Eltern wirken überzeugend

Eine Entscheidung steht an, die Familie betreffend. Im Idealfall sitzen dann alle Familienmitglieder zusammen, um nach einer Lösung für das anfallende Problem zu suchen. Oft lässt sich gemeinsam auch wirklich eine gute Lösung finden, oder es wird ein Kompromiss ausgehandelt, mit dem sich alle einverstanden erklären können – je nachdem. Die Kinder dürfen, sollen, können mitbestimmen – das ist inzwischen glücklicherweise oft üblich.

Aber manchmal ist eine gute Lösung, die alle Familienmitglieder mittragen, oder ein brauchbarer Kompromiss einfach nicht in Sicht. Kind A will dieses, Kind B jenes. Und Mami und Papi haben ihre eigenen Vorstellungen und sind außerdem fest davon überzeugt, dass sie mit ihren Ideen richtig liegen.

Eltern brauchen oft Durchhaltevermögen

Manchmal reichen die Zeit, die Kraft, die Geduld nicht für intensive Überzeugungsarbeit und demokratischere Entscheidungsprozesse. Dann setzen sich Eltern schon mal über die Meinung ihrer Kinder hinweg, bestimmen schlicht, wo's langgeht und verfügen, was zu tun oder zu lassen ist:

- *Abends* um acht haben die Kinder zu Hause zu sein.
- *Mittags* nach dem Essen werden die Hausaufgaben erledigt.

Die Welt geht nicht unter, wenn Eltern die Mitbestimmung nicht immer durchhalten – vor allem dann nicht, wenn sie ihre Kinder normalerweise in ihre Entscheidungen weitgehend mit einbeziehen.

Das erfordert Durchstehvermögen, denn die meisten Kinder zögern nicht, ihre Eltern auf den Schwachpunkt hinzuweisen: Die jüngeren nörgeln, die älteren argumentieren: »Ihr könnt doch nicht einfach bestimmen, was Sache ist.«

Kinder dazu vergattern, abends um acht zu Hause zu sein? Ihnen vorschreiben, wann die Hausaufgaben zu erledigen sind? Eine viel zu rigide Haltung? Stimmt. Einfach über den Kopf eines Kindes hinweg zu verfügen ist nicht das Gelbe vom Ei. Aber im Alltag muss und kann nicht immer alles gründlich diskutiert werden. Manchmal besteht einfach schneller Handlungsbedarf.

Treffen Eltern Entscheidungen, ist vor allem wichtig, dass sie mit sich im Reinen sind – dass sie wissen und auch sagen, *warum* sie darauf bestehen,

- *dass um 18 Uhr Zapfenstreich ist,* »weil du mit deinen sieben Jahren abends nicht mehr unterwegs sein sollst. Du gehörst dann nach Hause!«
- *dass Hausaufgaben mittags erledigt werden,* »weil ich dann einen Blick darauf werfen kann, denn gegen Abend habe ich keine Zeit dafür!«

Überzeugen – trotz anderer Meinung

Weil sie auf eine harmonische Familie aus sind, weil sie die besten Freunde ihrer Kinder sein möchten, fällt es Eltern vielfach schwer, auf Gegenkurs zu gehen und sich durchzusetzen. Sind sie ihrer Sache aber sicher, dann strahlen sie diese Gewissheit auch aus und wirken überzeugend – selbst dann, wenn ihre Kinder anderer Meinung sind und bleiben. Aufgabe der Erwachsenen ist es dann, gesprächsbereit zu sein und um Verständnis zu werben.

Immer Ärger mit der Schule

Die Tür zum Kinderzimmer ist geschlossen. Was spielt sich dahinter ab? Werden die Hausaufgaben wirklich in Angriff genommen – so, wie versprochen? Zögernd steht die Mutter der Achtjährigen vor der Tür. Nachschauen oder nicht? Sie entschließt sich zum Nachschauen – sicherheitshalber – und öffnet die Tür. Ihre Tochter hat es sich auf dem Bett gemütlich gemacht. Umgeben von Comic-Heften, Büchern (und das sind keine Schulbücher!) und Süßigkeiten liegt sie in den Kissen und freut sich ihres Lebens. Als sie die Mutter in der Tür stehen sieht, springt sie vom Bett auf und trollt sich zum Schreibtisch.

»Na, dann fang jetzt mal an!«, bekommt sie zu hören. Ihre Mutter verlässt das Zimmer, um nach einer Viertelstunde wieder aufzutauchen. Sie kontrolliert, wie weit die Hausaufgaben gediehen sind. Nicht sehr weit. Im Heft prangen zwei Zeilen. Jetzt holt sich die Mutter einen Stuhl und setzt sich neben ihre Tochter an den Tisch mit den Worten: »Dann machen wir eben zusammen Hausaufgaben!« Daraus wird nichts, denn nach zwei Minuten und einer zusätzlichen Zeile im Heft, pfeffert das Mädchen ihr Federmäppchen in die Ecke und kreischt: »Ich will nicht mehr!«

Was tun?

1. Ruhe bewahren, Gelassenheit ausstrahlen, auch wenn man innerlich kocht.
   Wer sich von seinen Gefühlen mitreißen lässt und schimpft, hat meist schon verloren, denn damit gibt man dem Kind Anlass zurückzufauchen: »Du kannst ja immer nur schimpfen …« Damit schlagen die Wogen erst recht hoch und lassen sich nicht so schnell wieder glätten.

2. Eine Achtjährige möchte nicht entmündigt und wie ein kleines Kind behandelt werden, sondern legt Wert auf ihre Eigenständigkeit – auch wenn das Experiment »Hausaufgaben selbstständig erledigen« im ersten Anlauf vielleicht noch schief läuft. Deshalb gemeinsam mit dem Kind beratschlagen, was zu tun ist, damit die Hausaufgaben zum guten Ende kommen, und wie in Zukunft mit ihnen zu verfahren ist. Außerdem die eigene Position klären: »Was kann ich für dich tun?« Eventuell verschiedene Vorschläge machen:
   – »*Soll ich mich zu dir setzen*, damit du mir Fragen stellen kannst, wenn's nötig ist?«
   – »*Soll ich immer mal wieder vorbeischauen* und nachsehen, wie weit du bist?«
   – »*Soll ich mich ganz raushalten,* und wir probieren mal aus, ob du allein mit deinen Hausaufgaben klarkommst?«

   Das Für und Wider eingehend besprechen.

Nicht nur von Schulleistungen sprechen

3. Nicht nur die Schulpflichten und Schulleistungen im Auge haben, sondern nach den Mitschülern fragen, nach dem Klassenklima, nach den Lehrern – für alles Interesse zeigen, was mit der Schule zu tun hat. Aber das Kind bitte nicht ausfragen, sondern ihm viel Aufmerksamkeit schenken und vorsichtig zum Erzählen anregen.
4. Mut machen. Zur Sprache bringen, was gut läuft im Schulleben und zu Hause. Lobenswertes erwähnen und honorieren.

Vertrauen in das Kind setzen

Was kann dein Kind? Was kann mein Kind? Wer entwickelt sich besser – prächtiger als alle anderen Kinder?

- *In der Krabbelgruppe* beginnt das Vergleichen schon: Wer krabbelt zuerst? Wer steht zuerst auf seinen Beinchen?
- *Im Kindergarten* setzt sich das gegenseitige Beäugen und Bewerten fort: Wer hüpft zuerst auf einem Bein? Wer kann zuerst bis zwanzig zählen?

Der Wettkampf wird ausgerufen

- *In der Schule* entwickelt sich aus dem oft noch spielerischen Vergleichen der Vorjahre nicht selten eine handfeste Rivalität, meist angestachelt von den Eltern, die jetzt fast alle das gleiche Ziel im Auge haben: Den Übertritt aufs Gymnasium. Diese Hürde werden nur die besseren Schüler aus der Klasse schaffen. Also unternehmen viele Mütter und Väter einiges, damit ihr Sprössling zu dieser auserwählten Gruppe zählt. Oft wird sein Ehrgeiz bewusst angestachelt, die Konkurrenz unter die Lupe genommen, sein Leistungsvermögen trainiert.

Das Ergebnis aller elterlichen Bemühungen: eine miese Stimmung rund um alles, was mit der Schule zu tun hat, und Verunsicherung auf der ganzen Linie. Dazu Lehrer, die keine Lust mehr haben mitzuziehen, und Kinder, die Nerven zeigen – zunehmend Schüler, die sich in der Schule wie auf einer Kampfsport-Veranstaltung fühlen. Die ihre Unbeschwertheit und Freude am Lernen verlieren. Die unter Dauerstress stehen und in ihren Mitschülern oft Rivalen und nicht unbedingt Freunde sehen. Viele Eltern beobachten diese Entwicklung mit Skepsis und sehr zwiespältigen Gefühlen.

- *Einerseits* würden sie den Leistungsdruck gern mindern: »Den ewigen Schulstress möchte ich meinem Kind ersparen!«
- *Andererseits* sind sie eingeschnürt wie in ein Korsett, sehen keinen Spielraum für eigene Entscheidungen: »Gegensteuern – wie denn? Wir sind doch Teil dieses Systems!«

Vertrauen in das eigene Kind haben

Kinder reagieren empfindlich, wenn sie mit Altersgenossen in einen Topf geworfen werden. Ein Graus, wenn die Eltern schon wieder die Nachbarskinder zitieren, die das Leben weit besser im Griff haben und nur beste Zensuren nach Hause tragen. Und erst die Kinder der allerbesten Freunde … Ein Segen für alle, wenn dieses Spiel ein Ende hat. Erleichterung pur und große Entspannung machen sich in jeder Familie breit, wenn das Vergleichen aufhört.

Gelingt es Eltern, ihren Sohn, ihre Tochter als einzigartiges Wesen, als kostbares Unikat und nicht immer nur im Kontext von Gleichaltrigen zu betrachten, tun sich ganz neue Sichtweisen auf. Plötzlich nehmen sie ihr Kind wieder mit anderen Augen wahr: Können seine Originalität erkennen und sich daran erfreuen, denn sein Ideenreichtum ist einmalig. Wie durch eine Lupe betrachtet, gewinnen die Konturen an Schärfe. Das Bild ihres Kindes wird deutlicher. Dieser andere Blickwinkel erleichtert es, wieder Vertrauen in das eigene Kind und seine Fähigkeiten zu entwickeln.

Unser Kind will nicht allein bleiben

Abend für Abend zu Hause bleiben oder einen Babysitter besorgen – irgendwann reicht es. Ihre Tochter ist jetzt sieben Jahre alt, in der ersten Klasse, ziemlich einsichtig und vernünftig – das könnte doch der rechte Zeitpunkt sein, sie abends auch mal allein zu Hause zu lassen?

Die Zweifel, die sie noch haben, wischen die Eltern kühn beiseite und verkünden ihrer Tochter: »Heute Abend möchten wir beide ausgehen. Wir meinen, dass du jetzt groß genug bist, um auch mal ein, zwei Stunden ohne uns oder einen Babysitter auszukommen. Und wenn etwas ist, sind wir ja per Handy erreichbar und schnell wieder daheim!« Die sonst so einsichtige und vernünftige Tochter fängt an zu weinen. Denkt sie an den Fensterladen, der bei windigem Wetter immer an die Hauswand schlägt? An die unheimlichen Geräusche, die von der Straße in die Wohnung heraufdringen?

Die Eltern versuchen, ihr Mut zu machen: »Du bist doch unsere Große!« Die Tränen fließen trotzdem weiter.

Was tun?

1. Die Tränen ernst nehmen. Das Kind nicht überreden mit Hinweisen wie: »Du schläfst doch wie ein Bär und wachst nie zwischendurch auf! Du merkst gar nicht, dass du allein in der Wohnung bist«, sondern respektieren, dass sich das Mädchen überfordert fühlt. Seine Gefühle ernst nehmen. Deshalb an diesem Abend lieber zu Hause bleiben oder den Babysitter benachrichtigen.
2. Der Tochter Zeit geben, sich nach und nach an das Abnabeln zu

gewöhnen. Mit ihr das Alleinsein üben – zuerst nur tagsüber und in kleinen Schritten wie:

– »*In einer Viertelstunde* bin ich zurück. Ich gehe nur kurz zur Nachbarin! Das Handy habe ich dabei!«

– »*In einer halben Stunde* bin ich zurück. Ich gehe nur über die Straße zum Supermarkt!«

Verkraftet das Kind die kurzen Abwesenheiten der Mutter, die Zeiträume langsam steigern – aber nur mit seiner Einwilligung und eventuell mit einem Handy als »Verbindungsschnur« für alle Fälle.

Vor allem die sensiblen, fantasievollen Kinder brauchen Zeit, um sich ans Alleinsein am Abend zu gewöhnen. Sie bitte nicht als Angsthasen titulieren, denen es an Mumm fehlt, sondern sie behutsam Schritt für Schritt daran gewöhnen.

3. Besondere Regeln vereinbaren, die gelten, wenn das Mädchen allein ist:
   – *Nicht* die Haustür öffnen.
   – *Nicht* die Fenster aufmachen und auch nicht die Balkontür.
   – *Nicht* in die Küche gehen und mit Küchengeräten, Streichhölzern, Kerzen oder mit scharfen Messern hantieren.
4. Sicherheitshalber eine Nachbarin informieren, die im Notfall erreichbar ist.
5. Zuverlässig sein. Eine Uhrzeit vereinbaren – aber nur, wenn die Eltern dann auch wirklich pünktlich wieder auf der Matte stehen. Ist das nicht sicher, lieber auf solch eine Vereinbarung verzichten.
6. Damit rechnen, dass alles Üben und alle Vereinbarungen nichts nützen und das Ausgehen ins Wasser fällt, wenn der Knirps einen Rückzieher macht. Das ist sein gutes Recht. Sogar manche Zehnjährige brauchen noch einen Babysitter, und darin besteht kein Grund zur Beunruhigung.

Sind Kleinkinder schon »Partner«?

Es kann, es weiß, es fühlt noch nichts – generationenlang galt ein Neugeborenes als zartes, zerbrechliches Wesen, als völlig abhängig von seinen Eltern. Alles muss sich der Winzling erst mühsam aneignen, glaubten wir und zeigten ihm die Welt.

Inzwischen hat ein Umdenken stattgefunden. Dank neuerer Untersuchungen wissen wir inzwischen, dass ein Baby bei weitem mehr kann als bislang angenommen. So mischt es von Anfang an mit, gestaltet die Beziehung zu seinen Eltern unmerklich. Nicht die Großen, sondern das Kleine hält zu Beginn des gemeinsamen Lebens das Heft in der Hand. Es ist das Aktivere in der Beziehung und führt Mutter und Vater mit Hilfe seiner Mimik und Gestik genau dahin, wo es sie haben möchte und braucht. Der Winzling bringt die Erwachsenen dazu,

- *zu lächeln,* wenn er sich nach Augenkontakt sehnt,
- *sich über ihn zu beugen*, wenn er Nähe braucht,
- *ihn auf den Arm zu nehmen,* wenn er Wärme tanken will.

Bewusst wird dieses Pingpongspiel natürlich nicht inszeniert. Doch reicht einem Baby das Eiteitei, das die Erwachsenen mit ihm veranstalten, dann bekommt es einen glasigen Blick und dreht den Kopf zur Seite. Diese Sprache versteht jeder vernünftige Erwachsene – auch ohne Worte. Das Kind sagt: »Ich habe genug, ich bin müde!«

Kinder wollen respektiert werden

Es gilt zu beachten, dass ein Kind kein Wesen ohne eigene Konturen ist, das erst mit Hilfe der Erziehung zu einem »richtigen« Menschen geformt werden muss. Jeder Mensch ist von Beginn an eine Persönlichkeit – einmalig und unverwechselbar.

Natürlich ist ein Baby noch auf die Pflege und Förderung seiner Eltern angewiesen, aber die Anregungen gehen eben nicht nur von den Erwachsenen aus.

Partner – aber nicht gleichrangig

Wer sein Kind respektiert, wer seine Fähigkeiten bewusst wahrnimmt und bewundert, wer schon einem Neugeborenen einen eigenen Willen zugesteht, dem fällt es leicht, in dem winzigen Wesen einen Partner zu sehen und nicht einen Befehlsempfänger.

Ein Kind ist Partner, aber kein gleichrangiger. Es braucht Eltern, die Verantwortung für sein Wohl und Wehe übernehmen. Die es nicht aus den Augen verlieren – auch später nicht, wenn es fast erwachsen ist. Die liebe- und verständnisvoll mit ihm umgehen, aber ihm auch mit Festigkeit zeigen, wo's langgeht. Die nicht nur Rat geben, sondern sich auch anregen lassen und akzeptieren können, dass ihr Sohn, ihre Tochter ihnen auf manchen Gebieten überlegen ist – etwa beim Memory-Spielen.

Wer sein Kind intensiv wahrnimmt, seine Entwicklung interessiert verfolgt, der nimmt es auch ernst und lässt sich von seiner Persönlichkeit beeindrucken. Die Folge: Der Sohn, die Tochter fühlt sich angenommen, zu Hause gut aufgehoben. Dieses Gefühl schafft Sicherheit. Ein selbstsicheres Kind entwickelt Souveränität und verstrickt sich deshalb seltener in Kämpfe mit den Erwachsenen.

Der lästige Streit ums Aufräumen

Das kann doch nicht wahr sein – Madame hat ihre Hausschuhe in der Küche vergessen, die Jacke und die Handschuhe auf dem Boden im Flur zurückgelassen, die zerfledderten Comic-Hefte auf der Treppe abgelegt. Resigniert kickt die Mutter der Siebenjährigen die Hausschuhe aus der Küche in den Flur. Wieso hält das Kind nicht mal einen Hauch von Ordnung? In seinem Zimmer schon lange nicht mehr, denn da herrscht Chaos pur. Soll sie es wirklich aufgeben, für Ordnung zu sorgen?

Resignation kann jedenfalls keine Lösung sein. Entschlossen knöpft sie sich ihre Tochter vor und gerät leider wieder in ihr altes Fahrwasser. Statt auf die Einhaltung der verabredeten Regeln zu dringen, beginnt sie zu schimpfen und Vorwürfe zu machen: »Wie oft habe ich dir schon gesagt, dass du dein Zeug wegräumen sollst … Setz dich in Bewegung …« Freundlich und verständnisvoll hört die Siebenjährige zu und setzt sich auch wirklich in Bewegung. Sie verschwindet in ihrem Zimmer. Hausschuhe, Jacke, Handschuhe und Comic-Hefte bleiben da, wo sie sind.

Was tun?

1. Sachlich und unaufgeregt den eigenen Standpunkt darlegen und sich abgrenzen: »Dich mag das nicht stören, wenn deine Klamotten überall herumfliegen. Aber mich stört es. Ich hab's gern ordentlicher. Diese Wohnung ist nicht nur dein, sondern auch mein Zuhause.«
2. Akzeptieren, dass die eigenen Maßstäbe in Sachen Ordnung nicht die allein gültigen sein müssen. Kinder haben ihren eige-

nen Ordnungssinn, nur sieht der häufig ganz anders aus. Ordnung halten heißt für sie: Ich lege die Sachen da ab, wo ich sie später wieder brauche – Jacke und Handschuhe im Flur. Warum sie erst an den Haken hängen? Ist doch praktisch, wenn sie am Boden liegen. Oder die Comic-Hefte auf der Treppenstufe. Warum wegräumen? Ist doch angenehm, wenn sie auf der Treppe parat liegen – da, wo man sich auch gerne zum Lesen hinsetzt. Ihre eigene »Ordnung« verteidigen sie auch gern mit dem Satz: Ich finde, was ich suche – auch in dem Wust unterm Bett.

Feste Aufräumrituale sind bei kleinen Chaoten bisweilen recht beliebt, weil sie Halt geben. Allerdings ist nach dem Aufräumen rasch wieder alles beim Alten.

3. Regeln aufstellen, an Verabredungen erinnern und konsequent darauf dringen, dass eingehalten wird, was verabredet wurde (also nicht resignieren!). Je weniger Vorschriften existieren, desto größer die Bereitschaft, sich daran zu halten. Möglichst keine Verabredungen gegen den Willen eines Kindes treffen, sondern es mitbestimmen lassen. Ein Beispiel: *Nur das Kinderzimmer* darf »zugemüllt« werden – nicht die übrige Wohnung. Zum Putzen muss klar Schiff gemacht werden.
4. Es hilft, feste Plätze für wichtige Dinge zu verabreden: *Die Schlüssel* kommen in den Kasten neben der Haustür. *Die Schirme* in den Ständer im Flur.

Beim Aufräumen unterstützen?

Die meisten Kinder brauchen beim Aufräumen noch bis weit ins Schulalter Unterstützung durch die Erwachsenen – und ein System, an das sie sich halten können.

Keine Lust mehr auf Erziehung?

Gezeter und Zoff ohne Ende. Um das Aufräumen wird gestritten. Um die Hausaufgaben. Um die Essmanieren. Müssen solche Auseinandersetzungen wirklich sein, ist das der normale Familienalltag? Er ist es in den meisten Fällen. Natürlich ließen sich viele Konflikte vermeiden – wenn es denn in der Praxis so einfach wäre, alles Häusliche klug und weise zu managen. Aber über diese Weisheit verfügen die wenigsten Eltern, wenn sie in Rage geraten, weil ihre Brut wieder mal am Familienfrieden zündelt.

Die meisten Eltern tappen mit Fleiß in die immer gleichen Erziehungsfallen und wissen dabei genau, dass sie in diesem Moment wieder mal, wie schon so oft, auf dem Holzweg sind.

Bitte nicht aussteigen

Geraten sie dauernd in Sackgassen, haben sie immer wieder den gleichen Familienschlamassel am Hals, verlieren nicht wenige Mütter und Väter die Lust an dem ewigen Trubel zu Hause. Sie resignieren und steigen aus. »Lass die Kinder doch machen, ich kann nicht mehr«, sagt manche zermürbte Mutter, wenn

- *ihr Sohn* sie nur noch als »irre Tucke« bezeichnet,
- *die Tochter* sie nicht mehr an sich herankommen lässt und wortlos in ihrem Zimmer verschwindet.

Gut nachvollziehbar, dass sich mancher innerlich abschottet und aufgibt, weil das eigene Kraftreservoir erschöpft ist – vor allem dann, wenn noch weitere Stressfaktoren hinzukommen: Stress in der Ehe. Stress in der Arbeit.

Andere Eltern geben nicht zu, dass sie längst auf dem Rückzug sind, sondern tun einfach so, als ob ... als ob es keinen Grund für Auseinandersetzungen gäbe, als ob alles in Ordnung wäre. Nur das Positive nehmen sie wahr. Ballen sich dann die Probleme zusammen, wird weiterhin stur der Schein aufrechterhalten. Heiße Diskussionen, wilde Streitereien gibt es einfach nicht – Konflikte sind »out«, werden verdrängt. Auseinandersetzungen sind tabu.

Eltern müssen zu packen sein

Natürlich sind Kinder genervt, wenn sie zu Hause »Trouble« haben und ihre Mütter und Väter sie laufend an Abmachungen erinnern wie:

- »Mit Nahrungsmitteln spielt man nicht!«
- »Sportzeug gehört nicht ins Badezimmer!«
- »Sau dein Zimmer nicht so ein!«

Aber wenn gar nichts mehr kommt – keine Ermahnungen mehr? Auch nicht richtig! Sicherlich, die Erwachsenen sollen sich nicht so haben, wenn Kleinigkeiten schief laufen. (Aus Kindersicht dreht es sich bei Konflikten meist um »Kleinigkeiten«.) Und wunderbar, wenn sie endlich die Schimpfereien einstellen. Aber selbstverständlich sollen sie sich für ihre Belange weiterhin engagieren, meinen alle Söhne und Töchter. Bloß sich nicht in Gleichgültigkeit oder in eine Scheinwelt flüchten, das gefällt keinem. Tauchen Eltern einfach ab, verübeln die Kinder ihnen den Rückzug. Die Folge: Mit aller Kraft versuchen sie, ihre Aufmerksamkeit wieder zu erlangen, und das gelingt besonders gut dann, wenn sie den bis dato größten Unfug anzetteln.

Wenn sich ein Kind unerwünscht fühlt

Das Baby muss gestillt oder gebadet oder gewickelt werden. Das Baby, immer nur das Baby – der halbe Vormittag ist vorbei, die Mutter ist mehr als beschäftigt, und für die große Schwester ist kaum Zeit geblieben. Und wie reagiert das Mädchen darauf?

Die Fünfjährige behandelt das Neugeborene wie Luft, steht schlecht gelaunt und leicht beleidigt im Zimmer herum und antwortet auf Fragen ihrer Mutter höchstens mit einem gelangweilten »Nöööö« oder »Weiß nicht« oder »Lass mich!«. Eigentlich geht das schon seit Tagen so. Zu nichts hat das Mädchen Lust – zu rein gar nichts. Alle gut gemeinten Vorschläge ihrer Mutter wie »Spiel doch mal mit den neuen Bauklötzen!« oder »Magst du mit der Oma telefonieren?« werden abgeschmettert.

Was tun?

1. Statt mit weiteren Anregungen zu kommen, die doch keine Chance haben, angenommen zu werden, von den eigenen Gefühlen sprechen – und davon, wie schwierig es für die Mutter ist,
   - *einerseits dem Baby* und seinen Ansprüchen zu genügen,
   - *andererseits dem älteren Kind* gerecht zu werden.

   Der Fünfjährigen Mut machen, dass es auf Dauer schon gelingen wird, alles unter einen Hut zu bekommen. Die momentane Situation als Durchgangsphase darstellen.
2. Häufiger eine Sonderaktion mit der Großen starten, nach dem Motto: Heute machen Mutter und Tochter einen Ausflug, und der Vater, die Oma oder ein Babysitter kümmern sich derweil um das Geschwisterchen.

3. Die Tochter integrieren. An ihr Mitgefühl appellieren, sie behutsam ermuntern mitzuhelfen. Es wäre
   – »*eine große Hilfe,* wenn du den Wäschekorb aus dem Badezimmer holen könntest«,
   – »*eine Erleichterung* für mich, wenn du ein Momentchen auf das Baby aufpassen würdest, während ich das Badewasser einlasse«.
4. Der Tochter gezielt Verantwortung für das Baby übertragen, auch wenn das eine ängstliche Mutter zusätzlich Nerven kostet. Es lohnt, die eigenen Ängste zurückzustellen:
   – »*Nimm das Baby behutsam auf den Arm* und trag es ganz vorsichtig in sein Bettchen!«
   – »*Gib dem Baby zu trinken,* während ich schnell das Geschirr abräume!«
   – »*Spiel mit dem Baby,* während ich es wickle!«

Lassen Mütter und Väter ihren Kindern genug Freiraum, um eigene Erfahrungen zu sammeln, und ermöglichen sie ihnen vor allem Erfolgserlebnisse, dann lösen sich viele Probleme ganz von selbst auf.

Wie viel Verantwortung ein älteres Geschwisterchen für ein jüngeres übernehmen kann, hängt natürlich vom Alter ab. Aber auch Kinder wachsen mit ihren Aufgaben. Je häufiger die große Schwester einbezogen wird, desto eher

- gewöhnt sie sich an die Rolle der großen Schwester,
- desto enger wird der Kontakt zur Mutter und zum Baby.

Erfolgserlebnisse ermöglichen

Für das Baby sorgen, der Mutter helfen – und das zur Zufriedenheit aller – trägt zur Entspannung bei: Erfolgserlebnisse kann jeder gut gebrauchen – erst recht in Zeiten, in denen es drunter und drüber geht und der normale Alltag ein wenig aus den Fugen geraten ist.

Erfolg – das beste Mittel gegen Frust

Schon die Kleinsten sind allergisch dagegen, von den Erwachsenen bevormundet und gedrängelt zu werden. Wehe, da meint jemand, ihnen Vorschriften machen zu müssen. Bekommen sie zu oft »Lass das!«, »Mach das so und so …« zu hören, werden sie kiebig und tun mit Fleiß, was nicht erwünscht ist. Und werden die Kleinsten größer, reagieren sie erst recht ungnädig, wenn die Erwachsenen sie gängeln wollen.

Die eigenen Fähigkeiten beweisen

Ständige Kontrollen und Anweisungen machen sie ganz fuchtig – Kinder lassen sich nur ungern von Erwachsenen etwas vorschreiben. Sie wollen sich selbst und der ganzen Welt beweisen, dass sie schon etwas können, möchten Einsatz zeigen und verdeutlichen, wie clever sie für ihr Alter sind. Deshalb brauchen sie Aufgaben – Probleme, die sie in eigener Verantwortung lösen dürfen:

- *Der Computer spinnt.* Ein Fest für einen Zehnjährigen, ihn wieder auf Trab zu bringen. Nur er allein ist in seiner Familie dazu fähig.
- *Die Zange ist verschwunden.* Der Vierjährige findet sie im Garten. Er hat das beste Gedächtnis und hat sich daran erinnert, dass sie vor Tagen dort gebraucht wurde.

Kinder wollen sich erproben, wollen ihr Können und ihre Selbstständigkeit im Alltag beweisen. Deshalb gieren sie geradezu nach Aufgaben. Das Beste, was Eltern für sie tun können: Ihnen diese Aufgaben zu verschaffen, ihnen Probleme anzuvertrauen, die sie knacken dürfen. Deshalb ist es sicherlich falsch, dem Nachwuchs jeden Stein aus dem Weg zu räumen und es ihm so bequem wie möglich zu machen.

Konflikte nicht gleich bereinigen?

Viele Mütter und Väter wissen, dass ihr Kind gefordert sein will. Sie geben ihm dann Aufgaben, die es selber bewältigen darf:

- Der Fünfjährige stapft ganz allein zum Bauern und holt die frische Milch.
- Die Achtjährige näht einen Knopf an ihren Mantel – ganz ohne Hilfe.

Neben diesen Alltagsaufgaben gibt es aber noch die besonderen Probleme, die gelöst werden müssen – zum Beispiel Streitigkeiten in der Familie. Treten Konflikte auf, sind Eltern gerne zu eilfertig dabei, sie zu lösen. Um der lieben Harmonie willen, preschen sie übereifrig vor, werden aktiv und schaffen das Problem fix aus der Welt: damit zu Hause wieder Ruhe ist.

Weil ihnen dieses Schnell-aus-der-Welt-Schaffen so wichtig ist, kommen sie zu selten auf die Idee, ihr Kind zu animieren, einen Konflikt selbst zu lösen:

- *Das Fußballtrikot* selbst zu waschen, statt andere anzumaulen, weil es noch in der Wäsche ist.
- *Die Spaghettisoße* selbst zu brutzeln, statt anderen Vorwürfe zu machen, dass sie nicht schmeckt.

Das Beste, was Eltern tun können: Ihrem Kind Aufgaben zu verschaffen, die es eigenverantwortlich lösen kann. Stimmt die Lösung, ist nicht nur das Problem aus der Welt, sondern alle haben das gleiche gute Gefühl. Aus dem Negativerlebnis ist ein positives, ein Erfolgserlebnis geworden.

Wenn Eltern das Malheur kommen sehen

Sie weiß, dass ein Kind vor allem aus Erfahrung klug wird – aus Erfolgs-, aber auch aus Misserfolgserlebnissen. Sie weiß auch, dass es möglichst nicht gebremst werden sollte, wenn es gerade die Welt erkundet, weil sein Selbstvertrauen sonst eine Delle bekommt.

Alles schön und gut, aber was, wenn sich die Experimentierfreude der fünfjährigen Tochter gerade beim Hantieren mit Geschirr zeigt? Aus Tellern, Bechern, Schüsseln und Tassen hat sie ein kunstvolles Gebäude auf dem Tisch geschichtet. Schon auf den ersten Blick sieht die besorgte Mutter, dass das kunstvolle Bauwerk mit dem nächsten Geschirrstück ins Rutschen geraten wird.

Was tun?

1. Noch rutschen die Teller und Tassen nicht, noch ist das Bauwerk stabil. Deshalb
   – *bitte nicht* aufgeregt mit einem lauten »Stopp« und »Gleich fliegt das Geschirr runter!« dazwischenfahren, dem Mädchen damit die Freude an seinem Werk verderben und ihm das Gefühl vermitteln: »Ich habe alles falsch gemacht.«
   – *bitte nicht* die Sache gleich selbst in die Hand nehmen, eingreifen, das Geschirr in Sicherheit bringen und damit das Kunstwerk abrupt zerstören,
   – *stattdessen* möglichst ruhig bleiben und behutsam vorgehen: *Erst* das Kunstwerk bewundern und die Künstlerin loben: »Sieht wie ein weißes Schloss aus!« *Dann* auf die drohende Einsturzgefahr hinweisen. Dann kann die Fünfjährige selbst entscheiden, wie sie vorgehen will. Ihren schönen weißen Palast muss sie ab-

bauen, aber durch die vorsichtige Art ihrer Mutter vergeht ihr daraufhin nicht gleich die Lust am Bauen und der Schwung, Neues zu wagen.

Die Balance halten – heißt die Lösung

2. Sehen Eltern ein Malheur auf ihr Kind zukommen, müssen sie schnell reagieren. Die Kunst besteht darin, aus dem Stand heraus zwei fast widersprüchliche Dinge gleichzeitig unter einen Hut zu bekommen: Wie kann ich meinem Kind
   - *seine Freiheit,* das Zepter in der Hand lassen,
   - *Halt bieten,* ihm helfen, mit einem Misserfolg fertig zu werden?

   Und wie halte ich die Balance zwischen diesen beiden Polen?

Für Kleine sind die Eltern die Größten

3. Ganz gleich, ob sie einen guten Mittelweg finden, noch wichtiger ist, ihrem Kind einen Ausweg zu zeigen: »Wir können weiße Schachteln besorgen, dann kannst du daraus einen Palast bauen.« Ein kleines Kind lässt sich gerne anregen, denn in seinen Augen sind die Eltern die Größten – die reinsten Alleskönner. In den ersten Lebensjahren bewundert es sie restlos, voller Vertrauen in ihre Fähigkeiten. Wenn sich die Eltern für seine Belange engagieren, dann hört es in der Regel genau zu, meist ziemlich wohlwollend – wenn es nicht gerade in der Trotzphase steckt – und darauf bedacht, die elterlichen Hinweise in die Tat umzusetzen.

Was soll an Misserfolgen gut sein?

Erfolge sammeln macht Freude. Wunderbar, wenn die Dinge des Lebens glatt laufen. Tun sie nur leider nicht immer. Oft türmen sich Hindernisse auf dem Weg zum Glück auf – Hindernisse und Katastrophen, an denen die Großen und Kleinen scheitern können:

- *Es regnet,* und der geplante Ausflug fällt überraschend ins Wasser.
- *Es stürmt,* und die Sandburg verweht.

Erwachsene sind einigermaßen darin geübt, Enttäuschungen wegzustecken oder, besser gesagt, zu verarbeiten. Aber sind Kinder dazu schon fähig? Oder sollen die Eltern sie vor Enttäuschungen schützen?

Erfolge fallen nicht vom Himmel

Viele Eltern wollen ihrem Sprössling jede größere und kleinere Enttäuschung ersparen. Darauf arbeiten sie hin. Tut sich auf dem Lebensweg ein Hindernis auf, räumen sie es möglichst umgehend aus dem Weg und ersparen ihm damit die Erfahrung, an diesem Hindernis zu scheitern. Weil sie es übermäßig behüten, bringen sie ihr Kind um die wichtige Erfahrung, ein Jammertal aus eigener Kraft wieder verlassen zu können und Niederlagen in Erfolge umzumünzen.

Aus Niederlagen lernen

Wie wird aus einer Enttäuschung ein Erfolg? Eine Niederlage kann ein Kind dazu bringen, genauer hinzuschauen und zu erkennen,

- *dass Erfolge nicht nur Glückssache sind*, die ihm einfach so in den Schoß fallen oder leicht zu haben sind. Erfolge setzen meistens einen Kraftakt voraus.

- *dass Misserfolge oft einen Grund haben.* Es lohnt sich, nach dem Warum zu fragen. Woran hat es gefehlt? An Kraft? Am Fleiß?
- *dass aus Niederlagen Neues entsteht.* Denn kommt man da nicht weiter, wo man ursprünglich angesetzt hat, schaut man meist in eine andere Richtung und entdeckt neue Wege – spannendere Ziele.

Ist eine Enttäuschung der Anlass, genauer hinzuschauen, sich selbst Fragen zu stellen, Kreativität zu entfalten, dann bringt sie ein Kind in seiner Entwicklung einen großen Schritt weiter, und damit kann aus einem Missserfolg schließlich doch wieder ein Erfolgserlebnis werden, denn die Niederlage hat den Betroffenen ein Stückchen reifer und damit stärker gemacht.

Welches Unglück ist halb so groß?

Dass Enttäuschungen auch ihr Gutes haben können und nicht die reine Katastrophe sein müssen, kann ein Kind noch nicht allein erkennen. An diesem Punkt braucht es den Trost und die Unterstützung eines Erwachsenen, der ihm die Kehrseite der Medaille aufzeigt und erklärt: »Aus dem Pech kann Gold werden, wenn du das Beste aus der Situation machst,

- *nicht jammerst,* weil dein Fahrrad eine Panne hat und du nicht gleich losradeln kannst, sondern mir stattdessen beim Reparieren zuschaust und lernst, wie man so eine Panne behebt,
- *nicht weinst,* weil die Burg zusammengekracht ist, die du im Kinderzimmer aus Bauklötzen gebaut hast, sondern mir beim Wiederaufbau zuschaust und lernst, wie man ein stabileres Fundament legt.«

Der Spruch, dass man aus Schaden klug wird, scheint zu stimmen – jedenfalls entwickeln Kinder aus Niederlagen heraus oft neue Kräfte und legen hier den Anfang für neue Entwicklungsschritte.

Wie Angsthasen mutiger werden

Der Junge traut sich nicht auf die Schaukel. Auch nicht aufs Klettergerüst. Und den Kollegen auf dem Spielplatz geht er meist geschickt aus dem Weg. Er hält Abstand zu allem. Und traut er sich doch mal etwas näher an das Leben heran, steht sein Vater gleich hinter ihm mit Bemerkungen wie:

- »*Komm zurück,* bring dich nicht in Gefahr!«
- »*Pass auf*, dass dein Anorak nicht dreckig wird!«
- »*Sei bloß vorsichtig,* fall nicht hin!«

Diese Ausrufe ermutigen nicht, sondern bremsen. Die Folge: Der Junge zaudert und zögert, auch sein letztes bisschen Mut schwindet. Seine Mutter sieht ihren beiden Männern zunehmend skeptisch zu, denn die Ausflüge auf den Spielplatz können so ja gar keinen Spaß machen.

Was tun?

1. Mit dem Vater reden. Ihn bitten, seine ängstlichen Warnrufe möglichst für sich zu behalten und den Sohn damit nicht zu bremsen. Mit ihm über seine eigenen Ängste zu sprechen. Da sich ein überängstlicher Vater nach ein paar Gesprächen nicht in einen couragierten verwandelt, die Spielplatzbesuche lieber selbst übernehmen.
2. Den Jungen vorsichtig an die verschiedenen Geräte heranführen und behutsam Kontakte zu anderen Kindern knüpfen. Ihn nicht drängen, sondern unterstützen und begleiten. Ihm selbst die Initiative überlassen.

3. Dem Sohn Erfolgserlebnisse ermöglichen. Ihm gezielt bestimmte Aufgaben übertragen – zum Beispiel
   – *die Verantwortung* für die Versorgung eines Haustieres (bei einem Kind im Vorschulalter müssen die Eltern noch mithelfen),
   – *die Verantwortung* für ein eigenes Blumenbeet.
   – Ihm außerdem Aufgaben geben, die schnell ein positives Ergebnis zeigen, wie etwa: Gemüse schneiden, Tisch decken, Wäsche sortieren.
4. Loben, wenn es etwas zu loben gibt. Bekommt ein Kind von Anfang an viel Bestätigung, zeigen sich Mutter und Vater einfühlsam und gehen sie auf die kindlichen Bedürfnisse im rechten Maße ein, dann kann es ein gutes Selbstwertgefühl entwickeln, und das bedeutet: Ich bin mit mir ganz einverstanden. Ein gutes Selbstwertgefühl hat meist zur Folge, dass es sich unbeschwert daran macht, Probleme zu lösen, und bei ihm kaum Zweifel auftreten, ob es sie überhaupt lösen kann: Es traut sich eine Menge zu.
5. Verständnis aufbringen für Ängste. Einem ängstlichen Kind bitte seine Sorgen nicht ausreden wollen. Von eigenen Ängsten erzählen. Im Gespräch bleiben, aber das Thema nicht hochschaukeln.
6. Nicht aus jedem Kind wird mit der richtigen Methode, mit Hilfe von Erfolgserlebnissen, Lobliedern, mit Aktionen wie Verantwortung übertragen und Verständnis zeigen gleich ein mutiges Wesen. Manches Hasenherz bleibt einfach ein Hasenherz – trotz aller erzieherischen Bemühungen. Und das ist dann häufig auch eine Sache der Veranlagung.

Von der Angst um die Kinder

Der Sohn besucht die Großmutter, fährt zum ersten Mal allein mit dem Zug von Süden nach Norden. Oder die Tochter radelt neuerdings quer durch die Stadt zu ihrer Freundin. Auf den Selbstständigkeitsdrang ihrer Kinder reagieren Mütter und Väter ganz unterschiedlich. Manche gelassen oder nur leicht beunruhigt. Viele überaus ängstlich.

Die eigenen Ängste übertragen?

Natürlich besteht Anlass zu vielen Sorgen, wenn die Brut langsam flügge wird. Stimmt ja – es *gibt* auch viele Gefahren. Aber in den Augen der besonders ängstlichen Gemüter, die das Leben sorgenvoll betrachten, lauern sie überall und werfen ihre Schatten. Deshalb sehen sie den Tagen oft in Katastrophenstimmung entgegen, malen sogar Gefahren in schlimmer Vorahnung an die Wand, bevor sich erste Anzeichen dafür zeigen. Damit machen sie sich und ihrer Familie das Leben unnötig schwer, denn sie behalten ihre Ängstlichkeit nicht für sich, sondern geben sie unmerklich weiter – sie schwebt förmlich über allem. Jeder bekommt sein Päckchen Angst und Sorge wie einen Rucksack mit auf den Weg:

- *Auf den Gang zur Schule.* Verabschiedet sich der Filius morgens, den Ranzen auf dem Rücken, ruft ihm seine Mutter nach: »Komm heil wieder!« und »Pass auf!«
  Natürlich denkt er nicht den ganzen Vormittag an die ängstlichen Blicke seiner Mutter, dennoch hat er sie im Hinterkopf.
- *Ins Kinderzimmer.* Zieht sich die kleine Tochter zum Spielen zurück, wird ihr nachgerufen: »Nicht auf den Stuhl steigen und die Spiele aus dem oberen Regal ziehen. Das ist zu gefährlich!«
  Schon leicht gebremst in ihrem Schaffensdrang betritt sie da-

raufhin ihr Zimmer. Heißt es zu Hause dauernd »Pass auf dich auf!« und »Sei bitte vorsichtig!«, dann verliert das Sein an Leichtigkeit, denn über allem liegt ein Schleier von Angst.

Weil ein Kind die Stimmungen und Gefühle seiner Eltern seismographisch wahrnimmt, spürt es ihre Daueranspannung genau. Vor allem die sensibleren Wesen nehmen die Ängste auf und machen sie zu ihren eigenen.

Am Reck baumeln, hin- und herschwingen und dann springen, sich im Kindergarten an die Großen heranwagen und mit ihnen einen Plausch beginnen – es kostet einen Knirps nicht selten Kraft und Mut, die Dinge des Lebens zu bewältigen. An riskanten Punkten kann Angst dabei durchaus ein guter Ratgeber sein. Denn sie warnt, hält ihn zurück, wenn Gefahren drohen. Aber diese Gefühle sind seine eigenen – sie sind authentisch. Ist er aber dazu noch mit Ängsten seiner Eltern beladen, wird alles doppelt anstrengend, manchmal zu stressig.

Die eigenen Gefühle erkennen

Nun hat es wenig Sinn, dass Eltern ihre eigenen Sorgen unter Verschluss halten, um ihr Kind zu schonen, denn selbst wenn sie keinen Ton sagen, ahnt der Sohn, die Tochter doch, was sich abspielt. Wer es dagegen schafft, die eigenen Ängste behutsam anzusprechen oder – noch besser – die eigenen übergroßen Sorgen nicht zu ernst zu nehmen oder sogar zu belächeln, der gibt seinen Kindern damit ein Stück Freiheit zurück und entlastet sie wieder.

»Ich haue die Mama einfach!«

Die Waschmaschine hat ihren Geist aufgegeben. Im Badezimmer häufen sich Wäscheberge. Der Handwerker, der sich angesagt hat, scheint nicht zu kommen. In der Post nichts als Rechnungen. Und dann hat sich auch noch eine ungeliebte Tante zu Besuch angesagt, und im Wohnzimmer machen sich die Wollmäuse breit. Dann kocht zu allem Überfluss die sechsjährige Tochter in aller Gemächlichkeit in der Küche Pudding, verbittet sich jede Mithilfe, vergisst aber umzurühren, sodass nicht nur der Pudding anbrennt, sondern noch eine dicke braune Pampe im Topf klebt.

Was das Fass zum Überlaufen bringt

Die Sechsjährige wird von ihrer Mutter harsch zurechtgewiesen: »Das hat mir gerade noch gefehlt – jetzt darf ich wieder den Topf schrubben. War ja schließlich klar, dass das an mir hängen bleiben würde!« Das Mädchen hat sich längst von der Hochspannung anstecken lassen, unter der ihre Mama steht. Sie rennt auf die Mutter zu und schlägt sie. Verdattert steht die Mutter da, weiß nicht weiter, ist wütend und erschöpft und schlägt prompt zurück. Gibt dem Mädchen eine Ohrfeige – auch das noch, eine Ohrfeige – viel schlimmer als ein Klaps. Das Mädchen weint. Die Mutter weint auch, weil die Tochter sie mit verwunderten Augen ansieht.

Was tun?

1. Nicht in Selbstzweifel verfallen. Sich selbst jetzt große Vorwürfe zu machen, das bringt nichts – erhöht den Druck höchstens noch. Lieber vorbauen, damit die Hand nicht wieder ausrutscht.

2. Darüber sprechen, was vorgefallen ist, und versuchen, das Geschehene zu erklären:
   – *Mütter sind keine Engel,* die ihre schlechten Stimmungen immer zuverlässig im Griff haben. Kinder auch nicht. Alle Menschen haben ihre Probleme und Launen. Keiner ist perfekt, und jeder macht mal Fehler.
   – *Zu den Fehlern zählen Schläge.* Darüber sprechen, warum Klapse, Ohrfeigen und Ähnliches weder für Kinder noch für Erwachsene ein taugliches Mittel der Auseinandersetzung sein können. Ansprechen, warum Eltern, die ihr Kind schlagen, ein unbrauchbares Vorbild abgeben: Sie wollen, dass alle friedlich und freundlich miteinander leben, und schaffen es zu Hause selbst nicht, ohne Gewalt auszukommen. Bei dem Gespräch nicht das eigene schlechte Gewissen sprechen lassen und sich klein machen, sondern möglichst sachlich auf die Schwierigkeiten hinweisen, die es machen kann, Theorie und Praxis in Einklang zu bringen.
   – *Die eigene Überforderung schildern.* Zugeben, dass die eigene Verfassung im Moment nicht die beste ist, und an das Verständnis des Kindes appellieren.

Prügel vergiften das Klima. Sie demütigen ein Kind, das sich der Macht der Erwachsenen hilflos ausgeliefert fühlt. Wer einmal Schläge eingesteckt hat, weiß das oft Jahrzehnte später noch.

3. Eine Abmachung für kommende Zeiten treffen:
   – *Fühlst du dich schlecht,* sagst du es mir frühzeitig, und ich versuche dann, dir deine Ruhe zu lassen.
   – *Fühle ich mich nicht gut,* sage ich es dir ebenfalls frühzeitig, und dann bemühst du dich, mir meine Ruhe zu lassen.

Wenn Eltern unter Druck geraten

Die heile Welt muss nicht sein, nur so einigermaßen friedlich und freundlich soll das Familienleben schon ablaufen, wünschen sich die meisten Erwachsenen. Trotz aller Mühen gehen diese Wünsche nicht immer in Erfüllung. Es häufen sich genau die Kräche, die sie unbedingt vermeiden wollten. Der Grund dafür: Die Nerven liegen blank

- *nach durchwachten Nächten,* weil die Kinder nachts Tamtam machten,
- *nach hektischen Tagen,* weil ein Riesenprogramm mit Kind und Kegel, Beruf und Haushalt gemanagt werden musste.

Sind Eltern überanstrengt, erfüllen sie nur noch unter Anspannung ihr Soll. Dabei flippen nicht wenige schon bei Kleinigkeiten aus, die schief laufen. Und dann verteilen sie leicht mal wider besseren Wissens

- *eine Ohrfeige,* weil sie am Ende ihres Lateins sind und keine Kraft mehr haben, nachzudenken und dann erst zu handeln,
- *einen Klaps* auf den Po, weil sie nur noch ein Ziel haben, und das heißt: »Tu endlich, was ich von dir verlange!«

Selbst wenn nach der Ohrfeige oder dem Klaps das Gezerre und Gezeter ein Ende hat, ist das wahrscheinlich nur die Ruhe vor dem nächsten Sturm. Denn nach einer Weile bricht ein neues Unwetter los, weil es sich die meisten Kinder nicht gefallen lassen, wenn Eltern ihnen mit Schlägen Grenzen setzen.

Schläge – vor allem eine Demütigung

Warum reagiert ein Kind auf Schläge ganz besonders empfindlich? Weil es sich gedemütigt fühlt, der übermächtigen Herrschaft der Erwachsenen ausgeliefert. Schläge vergisst man nicht. Die körperlichen Schmerzen vergehen, aber die seelischen Wunden bleiben – das Gefühl der Ohnmacht, denn ein Kind kann nicht zurückschlagen. Die Großen sind zu stark. Deshalb duckt es sich – erst einmal. Der Friede bröckelt bald, denn viele Kinder lassen sich nicht auf Dauer zu Duckmäusern machen, sondern wehren sich. Wie kann sich ein kleines Kind gegen Große zur Wehr setzen? Indem es erst recht aufdreht, die nächste Provokation anzettelt und seinen Eltern somit klar macht, dass sie letztlich die Verlierer in diesem Kampf sind. Dank ihrer Unüberlegtheit handeln sie sich also, langfristig gesehen, mehr Probleme ein und nicht etwa weniger.

Über die eigenen Gefühle reden

Eltern schlagen meist aus Hilflosigkeit zu und nicht etwa, weil sie Klapse für ein taugliches Erziehungsmittel halten. Wie können sie dieser Zwickmühle entfliehen? Ein Drei-Punkte-Programm hilft weiter:

- **Erstens:** Den Blick logischerweise auf sich selbst richten und nicht auf das Kind. Die Frage »Warum bin ich so hilflos und weiß nicht mehr ein noch aus?« zu beantworten versuchen.
- **Zweitens:** Die eigenen Gefühle wahrnehmen, in sich hineinhorchen.
- **Drittens:** Über das eigene Befinden nicht nur nachdenken, sondern auch reden. Kurz mitteilen (bitte keinen langen Vortrag halten, das wirkt kontraproduktiv), dass man sich miserabel fühlt, und erklären, warum. Wer frühzeitig signalisiert, dass er am Ende seiner Kräfte ist, stößt meist auf Verständnis bei seinen Lieben, die plötzlich doch Rücksicht nehmen können. Und damit wird der nächste große Knall vermieden.

Warum so schrecklich unzuverlässig?

Nichts klappt mehr. Die Reibereien häufen sich. Weiß der Himmel, wo das Kind dauernd mit seinen Gedanken ist, jedenfalls wird nichts erledigt, was erledigt werden müsste. Die Mutter der Achtjährigen meint, sich nicht mehr auf die Tochter verlassen zu können. Irgendwann wird sie noch einmal ihren eigenen Kopf vergessen. Sie schlampt durchs Leben – ist einfach grauenhaft unzuverlässig:

- Hat versprochen, die Katze zu füttern, aber vergessen es zu tun.
- Hat versprochen, dem Großvater zu schreiben, und ist darüber selbst hingekommen.
- Hat versprochen, Besorgungen zu machen, und denkt nicht mehr daran.

Nur noch Fluchtgedanken

An den Fingern zählt die Mutter auf, was alles nicht klappt. Die zehn Finger reichen dazu gar nicht. In ihrer Not schimpft sie, tadelt noch einmal und noch einmal. Gerät in einen Strudel von Verzweiflung und Enttäuschung und lässt Dampf ab, indem sie schließlich am laufenden Band meckert. Das Problem wird in ihren Augen immer größer.

Die Achtjährige kann das Gezeter nicht mehr hören. Öffnet ihre Mutter nur den Mund, dann versteinert sich ihr Gesicht schon, und sie hat nur noch Fluchtgedanken. Die Situation ist festgefahren. Nichts bewegt sich mehr.

Was tun?

Die Pattsituation Schritt für Schritt und sorgfältig auflösen. Aber wie?

1. Nach den Ursachen forschen. Warum diese Unzuverlässigkeit? Gibt es
   - *weitere Konfliktpunkte*, über die in der Familie gestritten wird?
   - *weitere Probleme?* Wie sehen die Lehrer und andere Vertraute das Mädchen?

Vielleicht hat sich die Tochter das Thema Unzuverlässigkeit ausgeguckt, um ihre sehr akkurate Mutter mit ihrer Verweigerung besonders empfindlich zu treffen und ihr zu zeigen: Dein Pflichtbewusstsein geht mir auf die Nerven. Oder sie will beweisen, dass sie nicht nur nach den Spielregeln der Erwachsenen funktioniert, sondern auch ihren eigenen Willen hat.

Meckerziegen mag keiner

2. Ein bisschen Selbstkritik kann nicht schaden und auch nicht, einen Schritt zurückzutreten und sich zu fragen: »Welchen Part habe *ich* eigentlich in diesem Spiel? Was kann *ich* verändern?«
   In diesem Fall: Mit Schimpfen aufhören, auch wenn es hilft, Dampf abzulassen. Denn wer permanent schimpft, setzt sich damit ins Unrecht, macht sich unbeliebt und erreicht gar nichts. Das Mädchen hat längst abgeschaltet, denn diese Flut von Anklagen hält kein Mensch aus.
3. Den Blickwinkel verändern. Das Thema Unzuverlässigkeit ausklammern und vor allem eine ganze Weile lang vor allem die positiven Seiten des Zusammenlebens sehen.
4. Die Beziehung zwischen Mutter und Kind verbessern, gemeinsam viel unternehmen.
5. Was spielt sich zu Hause ab? Das Familienklima unter die Lupe nehmen. Gibt es Spannungen?

Warum Zuverlässigkeit so wichtig ist

Ein Kindergartentag ist nicht ohne, und ein Schultag erst recht nicht. Mit anderen Kindern klarkommen, mit den Erzieherinnen oder Lehrern, mit den Regeln, die dort gelten, den ganzen Geboten und Verboten, daneben noch Malen und Basteln, Schreiben und Rechnen lernen – die Aufgaben, die laufend bewältigt werden müssen, können sich sehen lassen. Mit jedem Tag wird das Kindergarten- oder Schulkind ein Stück reifer und größer und stärker. Der rasante Entwicklungsprozess muss verkraftet werden, und das strengt manchmal an.

Zuverlässigkeit vermittelt Sicherheit

Von den Anstrengungen erholt sich ein Kind am besten zu Hause. Wunderbar, wenn die Familie ein sicherer Hafen ist, in den es immer wieder einlaufen kann – ein Hort, der Geborgenheit, Halt und Sicherheit bietet.

Ein Kind braucht einen festen Rahmen – einen roten Faden, an den es sich halten kann – besonders in unseren schnelllebigen Zeiten. Diesen Rahmen können am besten die Eltern vorgeben, deren Leben durch klare Werte bestimmt ist, die mit beiden Beinen auf der Erde stehen. Zuverlässigkeit ist eine ihrer Qualitäten.

Kleine Kinder brauchen Stabilität

Zuverlässige Eltern sind präsent, nehmen ihre Verpflichtungen und ihre Verantwortung für die Familie ernst und halten zuverlässig

- Vereinbarungen und Versprechen ein.
  »Wenn ich sage, ich bin um sechs zurück, bin ich auch um sechs zurück!« – »Wenn ich sage, ich hole dich ab, ist darauf Verlass!«
- *Vertrauensbeweise werden respektiert.* »Dein Geheimnis bewahre ich!« – »Ich erzähle keinem, was du mir anvertraut hast!«
- *Abmachungen sind verbindlich.* »Wenn wir gesagt haben, um zwölf gibt's Mittagessen, gibt es auch um zwölf Uhr Mittagessen!«

Ein Kind muss seine Umwelt sicher einschätzen können, um sich gut aufgehoben zu fühlen. Unverbindlichkeit verträgt es nicht.

Vielen Erwachsenen und großen Kindern gefällt es dagegen, sich flexibel zu zeigen und aus dem Stand einmal getroffene Entscheidungen wieder über den Haufen zu werfen, um neue zu treffen. Kleine Kinder sind damit überfordert. Sie brauchen Zuverlässigkeit und Ordnung, um sich orientieren zu können. Die immer gleichen Gewohnheiten und Rituale – was Große oft als langweilig und schrecklich festgefahren empfinden, ist für sie gerade das Richtige. Ein fester Rahmen gibt ihnen Halt und die Wiederholung immer gleicher Abläufe ein Gefühl von Sicherheit. Auch ein Winzling findet sich zurecht, wenn seine Eltern

- *zuverlässig die Regeln beachten,* die in unserer Gesellschaft gelten und die sie ihm vermitteln, Regeln der Höflichkeit, Gesetze des Staates,
- *zuverlässig Sicherheit bieten,* vor allem emotionale Sicherheit, die ihr Kind braucht, um gut zu gedeihen. Die Liebe der Eltern ist ihm sicher. Es braucht keine Angst zu haben, dass sich daran je etwas ändern könnte, denn sie machen ihr Kind nicht zum Spielball ihrer Stimmungen, benutzen es nicht für ihre Interessen.

Wichtig ist, dass Eltern aber auch ihr eigenes Wohl im Auge behalten und sich nicht für die Familie aufopfern.

Wie viel Zuwendung muss sein?

Man nimmt sich Zeit für sein Kind. Man unternimmt mit ihm Ausflüge. Man schaut nach den Schulaufgaben, sitzt abends an der Bettkante und fragt: »Wie war dein Tag?«

Über das rechte Maß an Zuwendung

Eltern wissen heute, dass ihr Kind Zuwendung braucht. Dessen sind sie sich bewusst. Sie wissen,

- *zu wenig kümmern bedeutet,* dass der Nachwuchs ein geringes Selbstwertgefühl entwickeln und deshalb Probleme mit sich und der Welt bekommen kann, wenn zum Beispiel
  – *die Mutter ewig telefoniert* – ganze Vormittage lang und ihre kleine Tochter dauernd mit einem harschen »Spiel alleine. Ich hab keine Zeit für dich. Du siehst doch, dass ich beschäftigt bin!« abwimmelt.
  – *der Vater stundenlang Zeitung liest,* nie Lust hat, sich die neuesten Berichte aus dem Fußballverein seines Sohnes anzuhören, und ihm immer wieder überdeutlich zeigt, dass er kein Interesse an seinen Geschichten hat.
- *zu viel kümmern bedeutet,* dass der Nachwuchs zu unselbstständig, zu abhängig von seinen Eltern bleibt und deshalb ebenfalls Probleme mit sich und der Welt bekommen kann, wenn zum Beispiel
  – *die Mutter mit in den Kindergarten geht,* und zwar nicht nur in den ersten Tagen, um den Einstieg zu erleichtern, sondern ihren Filius, der sich von der Mama nicht trennen mag, wochenlang begleitet,

– *der Vater täglich zur Schule fährt,* um seiner Tochter den Schulweg zu ersparen.

Die elterliche Kunst besteht darin, die Gratwanderung zwischen *zu viel* und *zu wenig* Zuwendung zu bewältigen. Welche Dosis an Zuwendung braucht ein Kind?

Was ist die richtige Portion Zuwendung?

- *Das Maß, das es sich selbst holt.* Kinder mögen sich nichts aufdrängen lassen. Auf Nötigungen wie »Nun komm schon, mein Schätzchen. Die Mami macht... Die Mami tut...« reagieren viele allergisch. Manche Mütter, manche Väter machen so viel Aufhebens um ihr Herzchen, dass sie vor lauter Wirbeln vergessen, ihr Kind und seine Wünsche im Auge zu behalten. Überlässt man dagegen dem Nachwuchs die Initiative, meldet er sich in der Regel, wenn er etwas von Mami oder Papi will. Dann sollten die Eltern möglichst Interesse zeigen.
- *Die »tägliche Dosis«.* Ein Kind verlangt weniger nach Sonderaktionen oder großen Extraportionen an Zuwendung (zum Beispiel nach einem Ausflug in den nächsten Freizeitpark), sondern ist oft mit kleineren Einheiten zufrieden: einem Kuss zwischendurch, einer gemeinsamen Autofahrt mit Reden, einem gemeinsamen Würfelspiel.

Alle brauchen Zärtlichkeit

Die Sorge, ein Kind durch zu viel Zuwendung und Zärtlichkeit zu verwöhnen, steckt vor allem vielen Vätern von Jungen in den Knochen. Sie fürchten, ihr Kind zu verzärteln. Irrtum: Die meisten Kinder (nicht alle), auch die kernigen Bürschchen, die sich schon ihre ersten Blessuren beim Fußballspielen geholt haben, wollen gestreichelt und gedrückt werden.

Die Wohnung: ein Schlachtfeld

Schnell einen Arzttermin verabreden. Und dann noch die Wäsche machen. Anschließend Kuchen backen. Danach ist endlich Feierabend. Denkste! Ein Blick ins Wohnzimmer reicht, um zu zeigen, dass jetzt nicht Füße hochlegen angesagt ist, sondern erst mal das Zimmer in Ordnung bringen. Denn im Wohnzimmer haben die Kinder gewütet und ein Schlachtfeld hinterlassen. Unter dem Tisch liegt eine Schultasche, auf dem Tisch ein angebissenes Salamibrot. Vor dem Fernseher am Boden eine leere Wasserflasche, auf dem Sessel ein Heft. Überall liegt Zeug herum. Das Übliche eben. Und die Verursacher dieses Chaos? Von ihnen weit und breit keine Spur. Sie haben sich aus dem Staub gemacht – ab zu den Nachbarn zum Spielen. Also alles liegen lassen? Oder selbst anpacken und das Zimmer wieder auf Hochglanz bringen?

Was tun?

1. Ist es ganz üblich, dass der Nachwuchs ein Schlachtfeld hinterlässt, sollte der erste Schritt sein: Darüber nachdenken, *warum* er das tut. Vielleicht aus Desinteresse an allem, was mit Haushalt zu tun hat – weil das nicht sein Bier ist? Viele Kinder verfahren nach dem Motto: Mami wird's schon machen. (Oder auch Papi, aber das ist seltener.) Sie wissen genau, da ist jemand,
   – *der einerseits* stöhnt und schimpft wie ein Rohrspatz,
   – *der andererseits* aber wunderbar funktioniert, der Familie zu Diensten ist und alles wieder in Ordnung bringen wird.

Spielt Mami gern die Familienmagd?

Kinder interpretieren die Geschichte auf ihre eigene Art:

Ihre liebe Mami ächzt zwar und signalisiert häufiger: »Ich kann nicht mehr! Ich mag nicht mehr!«, aber sie scheint ja doch zu können und zu mögen, denn sie räumt brav und zuverlässig weg, was die anderen herumfliegen lassen, und umsorgt die Familie prächtig. Ihr Stöhnen wird also logischerweise nicht so wichtig genommen, denn der Nachwuchs lebt wirklich in dem Glauben, dass Mami ihrer Familie eigentlich gerne hinterherräumt. Man hat sich daran gewöhnt, dass sie es tut. Ist ja auch herrlich bequem. Und wenn sie wieder mal jammert, gehen alle gemeinsam gleichgültig darüber hinweg. Das Klagen wird als blöde Gewohnheit verbucht. Muss man nicht so ernst nehmen.

Fazit: Zuerst mit sich selbst ins Gericht gehen. Über die eigene Position in der Familie nachdenken. Aufhören, die Familienmagd zu spielen. Deshalb manches einfach erst mal stehen und liegen lassen und endlich die Füße hochlegen.

2. Auch alle anderen, nicht unbedingt nötigen Dienstleistungen einstellen.
3. Versuchen, die Kinder aus ihrer Gleichgültigkeit zu wecken. Alle Familienmitglieder daran erinnern, dass die Regel nicht lautet »Einer für alle«, sondern: »Ich tu was für dich. Und du tust was für mich!« Damit es nicht beim Appell bleibt, feste Regeln verabreden: Wer ist für was zuständig?

Ein härteres Vorgehen ist angesagt, wenn Kinder gleichgültig, desinteressiert auf das reagieren, was sich zu Hause abspielt. Dann sollte ihnen verdeutlicht werden, dass auch sie Mitverantwortung tragen.

»Ich will ein Eis!«

Mit einer langen Einkaufsliste durch den Supermarkt gehen – nicht unbedingt ein Vergnügen für einen Vater, der zwei Kinder im Schlepptau hat, drei und fünf Jahre alt. Denn die lieben Kleinen haben ihre sehr speziellen Vorstellungen davon, was in den Wagen gepackt werden soll, und diese Ideen stimmen mit seinen selten überein.

Heute geht es um Kekse. Schokowaffeln will die Fünfjährige mitnehmen. Ihr Vater sagt klar und deutlich »Nein!« und erklärt freundlich, warum nicht: »Wir brauchen keine. Haben noch Kekse zu Hause!« Die Große zieht zwar ein Gesicht, schaut leicht beleidigt in die Runde, fügt sich aber, denn sie hat ihre Lektion schon gelernt: Nein heißt wirklich Nein. Der Dreijährige, der den Dialog interessiert verfolgt hat, sieht jetzt seine Chance kommen. »Ich will ein Eis!«, trompetet er.

Nein heißt Nein und bleibt Nein

Noch immer freundlich entgegnet sein Vater: »Nein, jetzt nicht, es gibt demnächst Mittagessen. Nach dem Essen kannst du zu Hause ein Eis essen!« Von wegen – das Nein einfach so akzeptieren! Der Kleine will sich nicht fügen. Mit Quengelstimme und einem Wollen-wir-doch-mal-Sehen-Blitzen in den Augen quakt er: »Ich will aber!« Als der Vater den Kopf schüttelt, wandert er zum nächsten Regal und räumt ab. Schmeißt Kaffee, Filtertüten, Kaffeesahne – was da gerade so steht – in den

Dem Kind Grenzen setzen muss nicht heißen, ich zeige dir, wer der Herr im Haus ist, sondern bedeutet vielmehr: Wenn ich einmal Nein gesagt habe, bleibe ich konsequent dabei.

Einkaufswagen. Leicht angespannt sieht der Vater dem Jungen zu, und auch andere Käufer schauen inzwischen zu ihnen her.

Was tun?

1. Die Zuschauer ignorieren, auch wenn es schwer fällt, die neugierigen Blicke zu übersehen.
2. Die Situation beschreiben, klar und gelassen reagieren: »Du willst ein Eis haben. Weil's das nicht gibt, räumst du das Regal aus und schmeißt in den Wagen, was wir gar nicht kaufen wollen. Damit bin ich nicht einverstanden!«
3. Die Siebensachen ganz ruhig wieder aus dem Wagen nehmen, an ihren Platz zurückstellen und dazu erklären: »Was du machst, ist nicht in Ordnung!« Ignorieren, dass der Junge weitermacht. Mit der Tochter über anderes reden. Oder es mit Humor versuchen: »Nettes Spiel, das wir hier betreiben!« Aber Vorsicht: Das Kind darf nicht das Gefühl haben, mein Vater macht sich über mich lustig. Denn das macht doppelt fuchtig.
4. Hält der Dreijährige länger durch und setzt sein Spielchen fort, kühl sagen: »Wenn du nicht aufhörst, gibt es nachher zu Hause auch kein Eis!« Ihn eventuell ins Auto bringen und im Kindersitz anschnallen.
5. Sich selbst nach dem Warum fragen. »Will der Junge ein Exempel statuieren? Will er zeigen, dass er durchsetzen kann, woran seine Schwester gescheitert ist? Oder will er seine Kräfte mit mir messen?«
6. Später, wenn der Ärger verraucht ist, mit dem Jungen allein noch einmal kurz über die Supermarkt-Situation sprechen.

Ruhe bewahren – wie denn?

Wer gerade auf 180 ist, wer sich über seine Brut schwarz ärgert, gerät erst recht in Rage, wenn er in dieser Situation von guten Ratgebern zu hören bekommt: »Schön ruhig bleiben! Mit Gelassenheit kommst du weiter!« Als ob man nicht wüsste, dass Mütter und Väter, die mit der Faust auf den Tisch hauen, die wütend und laut schimpfen, die sich mit knallrotem Kopf und nach Luft schnappend vor ihrem Kind aufbauen, wenig Eindruck machen. Lächerlich – so ein ausgewachsenes Rumpelstilzchen. Einen ausgeflippten Derwisch nimmt niemand ernst. Und der Auslöser dieses Wutanfalls fühlt sich in diesem Moment dem Rumpelstilzchen haushoch überlegen – egal ob er erst zwei oder schon zehn Jahre alt ist.

Nerven bewahren

Sicherlich, es wäre bei weitem klüger, cool zu bleiben, wenn zu Hause die Fetzen fliegen. Aber wie ist das zu schaffen, wenn die Nerven blank liegen und Eltern es mit einem Knirps zu tun haben, der sich als Quälgeist profiliert:

- *quengelt* ohne Ende, weil er nicht einschlafen kann, obwohl er müde ist,
- *schreit,* wenn er nicht sofort bekommt, was er möchte,
- *am Rockzipfel hängt*, weil er nicht eine Minute allein spielen mag,
- *Krawall macht*, weil er ausprobieren will, wie weit er gehen kann.

Eltern wissen, dass sie verloren haben, wenn sie ihrem Kind mit Geschrei und einem Wutanfall kommen. Aber wenn sie selbst gereizt sind, weil von morgens bis abends verplant, nur mit Kind und Kegel beschäftigt, wenn sie erschöpft sind und nur noch müde, dann brüllen viele – wider besseres Wissen. Wie können Eltern frühzeitig gegensteuern?

Erst entspannen, dann handeln

Wenn ein Streit eskaliert, nicht warten, bis der Zank seinen Höhepunkt erreicht, nicht auf das Kind schauen und an die Ursache des Streits denken, sondern sich selbst im Blick haben. Rechtzeitig aus der Situation aussteigen und versuchen, sich auf Normalmaß hinunterzufahren – leichter gesagt als getan:

- *Durchatmen* – gleichmäßig und tief in den Bauch atmen. Sich eine Weile nur auf die Atmung konzentrieren.
- *Bis zehn zählen* oder auch bis hundert.
- *Vor die Haustür gehen.*
- *Einen Spaziergang machen* (wenn möglich).
- *Einmal laut schreien* (wenn möglich).
- *Ins Schlafzimmer zurückziehen*, aufs Bett legen und von Kopf bis Fuß entspannen.
- *In Gedanken den Streit nachvollziehen:*
  - Was hat ihn ausgelöst?
  - Wie hat sich mein Kind, wie habe ich mich verhalten?
  - Warum habe ich die Nerven verloren – was steckt dahinter? Welche Gefühle kamen in mir hoch?

Ruhe bewahren, sich in Gelassenheit üben – ein Lernziel für schnell aufgebrachte Eltern. Erreichen sie es, strahlen sie Souveränität aus, und jedes Kind merkt: Die lassen sich nicht mehr so schnell auf die Palme bringen.

An den Ort des Geschehens erst wieder zurückkehren, wenn der Kopf klarer ist und sich die düsteren Wolken verzogen haben.

Alles anfangen, nichts beenden

Sie kennt das schon. Der Sohn verschwindet im Kinderzimmer, kündigt großartig an, dass er jetzt eine Ritterburg bauen wolle. Fünf Minuten später steht er wieder vor seiner Mutter und beklagt sich: »Ich weiß nicht, was ich machen soll!« Geduldig begleitet sie ihn zurück ins Zimmer, bringt die Ritterburg zur Sprache: »Du wolltest doch …« und erntet ein genervtes »Nee!« Keine Ritter mehr. Stattdessen vielleicht gemeinsames Malen? »Nee!« So geht es häufig. Der Junge hängt an Mamis Rockzipfel, hat Langeweile, obwohl sich im Kinderzimmer die Spielsachen türmen. Er ist lustlos und ohne Schwung.

Was sich im Kleinen im Kinderzimmer abspielt, wiederholt sich im Großen: Der Sechsjährige lässt sich vom Opa Tennisstunden schenken. Als er nicht gleich »Nee!« sagt, meldet ihn seine Mutter im Verein an, bezahlt die Monatsgebühr und kauft einen Tennisschläger. Zweimal geht der Sohn mit Vergnügen hin, beim dritten Mal kommt er wieder mit seinem »Keine Lust!«. Die Mutter verliert die Geduld.

Was tun?

1. Viele Kinder fühlen sich erschlagen von dem Riesenangebot verschiedener Möglichkeiten, das sie umgibt. In einem Kinderzimmer voll gestopft mit verschiedenen Baukästen, Autos, Büchern, Plastikdinosauriern, Rittern und Stofftieren fühlt sich ein Knirps überfordert – so hilflos wie eine Dame, die einen Laden betritt, nach einem Kostüm Ausschau hält und sofort wieder das Weite sucht, wenn sie stangenweise Kostüme vor sich sieht: Sie ist einfach erschlagen von dem Riesenangebot, unfähig aus der Menge etwas Passendes auszuwählen. Deshalb

weniger Spielzeug im Kinderzimmer aufstellen. Die Hälfte in Kisten und Kästen verstauen und aus dem Weg räumen.

Weniger ist wirklich oft mehr

2. Den Jungen nicht mit Angeboten überschütten. Hier der Tennisverein. Da Klavierstunden. Und Judo kannst du auch noch machen, wenn du magst. Die Botschaft heißt: Wir unterstützen dich. Greif zu bei den wunderbaren Angeboten.

Auf den ersten Blick hat der Junge die Freiheit zu wählen. Doch auf den zweiten Blick erhält diese Freiheit dadurch einen Dämpfer, dass Mama und Papa, Oma und Opa im Hintergrund stehen und den Jungen erwartungsvoll anschauen. Natürlich wünschen sie sich ein reges Kerlchen, das dynamisch losstürmt und das Leben am Schopf packt. Ihre Erwartungen, obwohl unausgesprochen, sind so deutlich spürbar, dass sich der Junge unter Druck gesetzt fühlt und blockiert. Seine Botschaft heißt: Könnt ihr mich nicht mal in Ruhe lassen?

Aus Langeweile aktiv werden

Dem Kind diese Ruhe gönnen und abwarten, ob ihn dann wirklich die große Langeweile überkommt. Mal sehen, wie lange er sie aushält. Wird ihm das Nichtstun zu öde, greift niemand ein, dann wird er irgendwann schon seine Kräfte sammeln, bündeln und loslegen. Dann endlich kann er wieder kreativ werden.

Zu viel Programm, zu viele Termine?

Die besten Startchancen ins Leben sollen sie haben – eine optimale Ausbildung, damit sie später gut Fuß fassen im Leben. Darin sind sich viele Mütter und Väter einig. Dazu zählt vor allem eine gute Schulbildung. Weil Schulen aber heute nicht unbedingt das bieten, was Eltern erwarten, denken sie sich häufig ein Programm aus, das das Bildungsangebot abrunden soll:

- *Sportverein* als Ergänzung des Sportunterrichts.
- *Klavierstunden* als Ergänzung des Musikunterrichts.
- *Workshop Malen* als Ergänzung des Kunstunterrichts.

Und dazu wird noch einiges geboten, das mit Schule, Lernen und Unterricht nichts zu tun hat: Freizeitangebote in Hülle und Fülle.

Die Folge: Viele Kinder sind total verplant. Ihre Tage sind rundum mit Programm ausgefüllt – ein Vollzeitjob, das alles abzuarbeiten. Die Mütter helfen mit und karren die Kleinen von Kurs A zu Kurs B.

Wenig Raum für Eigeninitiative

Bei einer solchen Rundum-Versorgung mit Programm der unterschiedlichsten Art bleibt allerdings anderes auf der Strecke:

- *Verabredungen mit Freunden.* Weil im Verein Sport gemacht, bei der Klavierstunde gespielt und im Workshop gemalt wird, bleibt wenig Muße, mit anderen Teilnehmern engere Kontakte zu knüpfen. Freundschaften entstehen hier deshalb selten. Mit Kumpels aus der Nachbarschaft oder den Freunden aus der eigenen Klasse trifft man sich kaum, denn Freundschaften brauchen Zeit. Sie wollen gepflegt werden, und die Pflege beansprucht viele gemütliche oder aufregende Stunden. Ist diese Zeit nicht vorhanden, dann kommen Freundschaften gar nicht erst zustande oder bröckeln schon bald wieder. Schade, denn Kinder brauchen Freunde,

– *um einen Rückhalt* zu haben außerhalb der Familie – geachtete und geliebte Vertraute, auf die Verlass ist und mit denen sie ihre Geheimnisse teilen können,
– *um soziale Erfahrungen zu sammeln* und möglichst unterschiedliche Lebensentwürfe kennen zu lernen.

- *Eigeninitiative.* Wer immerzu in ein Programm eingespannt ist, muss zwar irgendwann einmal Ja dazu sagen und dann pünktlich erscheinen, aber danach läuft die Geschichte automatisch weiter. Man muss sich keine großen Gedanken mehr über die Gestaltung seiner Tage machen. Alles schon vorbestimmt und festgelegt. Morgens ist Schule, nachmittags Sportaktivitäten und anderes. Für Eigenes bleibt wenig Raum. Dieses Eingespanntsein hat Auswirkungen. Mancher verliert die Lust,

– *sich in Bewegung zu setzen,* Initiative zu entwickeln, aktiv zu werden. Warum eigene Ideen entwickeln, kreativ werden, wenn man auf fertige Angebote zurückgreifen kann?
– *am Spielen.* Denn beim Spielen wird genau das verlangt, was ein Kind leicht verlernt, wenn es total verplant ist. Es muss Ideen entwickeln, um seine Vorstellungen umsetzen zu können.

Erwischt bei einer dicken Lüge

Die Tochter ist Papis Sonnenschein. Immer fidel. Immer strahlend. Eben ein echtes Sonntagskind. Das Sonntagskind ist auf Harmonie aus. Es mag keinen Streit und tut alles, um Auseinandersetzungen aus dem Weg zu gehen. Es flunkert sogar, wenn Gefahr besteht, dass es sich einen Rüffel holen könnte. In letzter Zeit flunkert die Achtjährige häufiger, weil sie Probleme in der Schule hat. Würde ihre Mutter diese Probleme entdecken, dann gäbe es Streit. Also lügt sie wie gedruckt, um diesen Streit zu vermeiden:

Die Geschichte von der Fünf in Mathe: »Hast du die Mathearbeit noch nicht zurückbekommen?«, fragt die Mutter. Mit treuherzigem Blick antwortet die Tochter: »Nein!« Die Wahrheit ist, dass sie die Mathearbeit längst mit einer Fünf zurückbekommen hat, ihr aber der Mut fehlt, die schlechte Zensur zu beichten. Die Mutter ahnt, dass etwas nicht stimmt, hakt aber nicht nach. Am nächsten Tag wieder die Frage nach der Mathearbeit. Jetzt verstrickt sich das Mädchen in eine komplizierte Lügengeschichte vom Mathelehrer, der die Arbeiten im Lokal liegen gelassen habe ... Ein irres Märchen, das als solches auch gleich von der Mutter enttarnt wird. Enttäuscht, wütend und hilflos sieht sie ihre Tochter an: Eine handfeste Lügerei über Tage, das hätte sie wirklich nicht erwartet!

Was tun?

1. Ganz klar Stellung beziehen: »Du hast es für richtig gehalten, mir eine dicke Lügengeschichte aufzutischen. Ich halte nichts davon, Lügen zu benutzen, um einer Auseinandersetzung darüber, ob diese Fünf sein musste oder nicht, zu entgehen!«
2. Aufs Moralisieren und Schuldgefühle wecken à la »Das hätte ich nicht von dir gedacht!« möglichst verzichten. Denn das

wirkt oft kontraproduktiv. Um solchem Stress zu entgehen, wird beim nächsten Mal erst recht gelogen.

3. Auch auf Bewertungen wie »Ich hätte dich für klüger gehalten!« oder »Das war kein Meisterstück!« oder »Wie kann man nur so dämlich sein!« verzichten. Keiner mag sich sagen lassen, dass er Mist gebaut hat, und wird alles daransetzen – zur Not auch eine Lüge –, um sich das nicht wieder anhören zu müssen.
4. Auch ein Verhör bringt höchstens das Gegenteil von dem, was Eltern sich wünschen, denn niemand lässt sich gerne vorführen oder mit Fragen bombardieren.

Erwischen sie ihr Kind bei einer Lüge, stellen es viele Mütter und Väter unter Beobachtung. Keine gute Idee, denn das durchschaut auch ein Sechsjähriges schon. Besser: einen dicken Vertrauensvorschuss gewähren.

Nach der Ursache für das Lügen fahnden

5. Darüber nachdenken, warum die Achtjährige so harmoniesüchtig ist und warum sie Auseinandersetzungen derart scheut. In Zukunft über kleinere, harmlosere Flunkereien nicht hinwegsehen, sondern nachhaken. Die Kleine ermuntern, Argumente zu finden und vorzutragen und ihren eigenen Standpunkt zu vertreten. Die Anforderungen langsam und behutsam steigern.
6. Mit dem Mädchen häufiger das Gespräch suchen. Es zum Reden ermuntern. Die Probleme vorsichtig ansprechen (aber bitte nicht vor anderen). Trotzdem das Thema nicht hochspielen.

Zugeben, dass Lügen Alltag sind?

Sind sie noch klein und gerade erst richtig der Sprache mächtig, dann lügen sie das Blaue vom Himmel herunter. Erzählen von großen Jungen, die sie im Kindergarten an den Haaren gezogen haben. Von Krokodilen, die ihnen im Park über den Weg gelaufen sind, von Hexen, die sie im Wartezimmer beim Zahnarzt getroffen haben.

Blühende Fantasie ist keine Lüge

Diese Geschichten haben eines gemeinsam: Obwohl weder ein großer Junge an den Haaren gezogen hat noch das Krokodil im Park herumspazierte und die Hexe auch nicht im Wartezimmer saß, sind sie keine Lügengeschichten. Diese Erzählungen sind einfach nur Märchen – typisch für Knirpse im Kindergartenalter, die nicht nur über eine blühende Fantasie verfügen, sondern obendrein ein völlig anderes Weltbild haben als Erwachsene, ein bei weitem farbigeres und spannenderes. Denn in ihrer Vorstellung ist alles quietschlebendig. Die Tasse im Schrank kann singen. Der Teddy sprechen. Und der Wecker Purzelbaum schlagen.

Mit der Zeit, meist um den Schuleintritt, treten diese farbigen Vorstellungen zurück. Jetzt schrumpft die Fantasie und wird grauer, dafür nehmen Vernunft und Einsicht zu. Und weil es genau beobachtet und zuhört, erwischt ein Kind die Erwachsenen jetzt häufig beim Lügen, und zwar beim richtigen.

Aus Höflichkeit lügen?

Kinder ertappen die Erwachsenen häufig dabei, dass sie es mit der Wahrheit nicht allzu genau nehmen.

Sie durchschauen sehr rasch, dass es oft hinten und vorne nicht stimmt, wenn ein Erwachsener sagt:

- »Du siehst gut aus!«, obwohl die Tante elend ausschaut,
- »Vielen Dank für die schöne Tischdecke!«, obwohl die Decke schon längst verschwunden ist, weil sie niemand mag.

Die erste Lektion, die ein Kind lernt, heißt: Die Wahrheit sagen – ja. Aber nicht immer und um jeden Preis! Manchmal wird gelogen, um andere zu schonen. Verbissene Wahrheitsfanatiker sehen das allerdings anders und sagen schonungslos die Wahrheit. Auch nicht besonders sensibel.

Reden Eltern mit ihrem Kind über dieses schwierige Kapitel, erklären sie, warum sie es mit der Wahrheit nicht immer ganz genau nehmen, dann fällt es ihm leichter, schließlich einen eigenen Standpunkt und Umgang damit zu finden.

Bitte nicht Vertrauen missbrauchen

Es dauert, bis ein Kind dahinter kommt, dass manche Lügen ein Tabu sind, weil sie das Vertrauen zwischen Menschen belasten oder zerstören können. Auf dem Weg zu dieser Erkenntnis experimentiert jedes Kind mit Lügen. Sie dienen der

- *Experimentierlust.* Der Antrieb ist Neugier. »Mal sehen, ob die anderen klug genug sind, um meine Lüge zu erkennen.«
- *Bequemlichkeit.* Ausprobieren, ob man mit Hilfe einer Lüge einer fälligen Auseinandersetzung entgehen kann.
- *Täuschmanöver.* Andere verleumden um des eigenen Vorteils willen. Wenn ein Kind häufig lügt und das Lügen zur Gewohnheit wird, müssen Eltern nach dem Warum fragen und resolut gegensteuern.

Ein heißes Eisen: die Klamotten

Mutter und Tochter gehen zusammen einkaufen. Früher war das ein Heidenspaß. Mama bestimmte, und die Tochter folgte. Damals war dem Mädchen das gemeinsame Eisessen wichtiger als der Klamottenkauf.

Inzwischen herrscht beim Einkaufen eine gereizte Atmosphäre. Denn heute bestimmt die Tochter. Leider folgt ihr die Mama nicht brav, sondern macht Zicken. Zum Beispiel hat sie etwas dagegen, dass die Tochter ein hellbeiges Röckchen aus einem feinen, dünnen Stoff dazu auserkoren hat, sie über den Winter zu bringen. Die Tochter weint herzzerreißend, als die Mutter ihr Veto einlegt. Die Intensität ihres Kummers macht die Mutter stutzig: So bittere Tränen – nur wegen eines Rocks?

Klamotten als Eintrittskarte

Als sie nachfragt, erfährt sie schließlich, dass es eigentlich gar nicht um den Rock geht. Er soll nur als Eintrittskarte in eine Clique dienen, die in der Klasse das Sagen hat. Und in dieser Clique tragen alle Mädchen solche hellbeigen Röcke. Also ist das Thema, um das es hier eigentlich geht, nicht der Rock, sondern die Clique. Etwas ratlos betrachtet die Mutter ihre verstörte Tochter. Auf Nachfragen erfährt sie, dass sich das Mädchen elend fühlt, traurig, weil es sich in der Klasse nicht akzeptiert fühlt.

Was tun?

1. Erst einmal Eis essen gehen und an die früheren fröhlichen Einkaufszeiten denken. Nicht gleich über den Rock und sein Für und Wider diskutieren, sondern über die Clique und ihre Bedeutung für die Klasse. Dabei nicht *zu* intensiv nachfragen und das Mädchen damit unter Druck setzen, sondern es nur behutsam zum Reden animieren.
2. Weil die Achtjährige traurig ist, empfindlich und stark verunsichert, den Rock kaufen: als Riesenbonbon und große Ausnahme. Denn vielleicht ist das gute Stück wirklich in der Lage, die Wogen zu glätten. Manchmal werden Klamotten eben doch als ein Zeichen gebraucht, das signalisiert: »Ich will zu euch gehören!«

Das Selbstwertgefühl festigen

3. Ein Langzeitprogramm. Dem Mädchen viele Erfolgserlebnisse verschaffen, es oft loben und aufbauen, damit es ein besseres Selbstwertgefühl entwickeln und auf Dauer, wenn es stark genug ist, den Zwängen der Gruppe trotzen kann. Erst dann wird es unabhängiger von der Klamottenfrage sein. Bis dahin die Zähne zusammenbeißen und geduldig darauf warten, dass die Tochter ein Stück unabhängiger wird und ihren eigenen Stil findet.
4. Später, wenn das Rockproblem längst entschieden ist, noch einmal auf das Thema Gruppe, Zwänge, Anpassung oder Widerstand zurückkommen. Von eigenen Kindheitserfahrungen berichten.

Wenn die Seele Bauchweh hat

Das Kind sitzt in seinem Zimmer. Die geschlossene Tür bedeutet: Lasst mich in Ruhe. Ein anderes läuft mit bedrückter Miene durch den Tag. Ein weiteres schlägt um sich und haut den anderen im Kindergarten mit einem Bilderbuch auf den Kopf. Alle drei Kinder sind unglücklich. Warum? Wenn man sie fragt, warum sie sich zurückziehen oder quer schießen, warum sie provozieren oder aggressiv sind, zucken die meisten der kleinen Rabauken oder Miesepeter nur die Schultern. Keine Ahnung. Oder keine Lust, die Frage zu beantworten. Oft kommen besorgte Eltern eher hinter den Grund, wenn sie sich selbst befragen:

- *Nehmen wir unser Kind richtig wahr?* Haben wir sein Tun und Treiben im Blick? Erleben wir seine Stimmungen mit? Lässt es uns an seinem Leben teilhaben?
- *Welche Erfahrungen sammelt* es außerhalb der Familie – im Kindergarten, in der Schule oder mit seinen Freunden?
- *Ist es gesund?* Ernähren und pflegen wir es richtig? Hat es genug Bewegung? Kommt es an die frische Luft?
- *Werden seine Bedürfnisse gesehen?* Befriedigen wir im richtigen Maß seinen Wunsch nach Freiheit auf der einen und nach Halt auf der anderen Seite?
- *Stimmt die Beziehung,* das Familienklima? Bekommt das Kind die Zuwendung, die Liebe, die es braucht, um sich gut zu entwickeln?

Können Eltern die meisten Fragen positiv beantworten, stimmt die Basis. Lebt die Familie einigermaßen friedlich und fröhlich miteinander, müssen sich die Eltern nicht allzu viele Gedanken um das Wohl und Wehe ihres Kindes machen. Fallen viele Antworten negativ aus, sollten sie auf professionelle Hilfe zurückgreifen.

Zuerst das Positive sehen

Ist ein Kind bedrückt, mehren sich die Machtkämpfe zwischen Eltern und Kind, oder ist einfach häufig miese Stimmung zu Hause, muss nicht gleich eine große Störung vorliegen, oft verursacht eine Summe vieler kleiner Pannen die angespannte Atmosphäre. Die Stimmung hellt sich auf, wenn es den Eltern gelingt, ihren Blickwinkel auf den Alltag zu verändern, wenn sie

- *zuerst fragen: Was läuft gut und richtig?* Wenn sie vor allem ermutigen, ihrem Kind zu Erfolgserlebnissen verhelfen, es loben,
- *dann erst fragen: Was läuft schief?* Wo müssen wir korrigierend eingreifen? Wie können wir gegensteuern?

Nicht das Negative verstärken

Wer sich vor allem dann einschaltet, wenn der Haussegen schon schief hängt und der Sprössling Probleme macht, verstärkt damit noch die aktuellen Schwierigkeiten. Der Grund: Der Nachwuchs hat spitzbekommen, dass er die ersehnte Zuwendung erhält, wenn von Schwierigkeiten die Rede ist.

Wer dagegen auch in guten Zeiten für seine Kinder da ist und ihnen seine Liebe zeigt, sorgt für kontinuierlich entspannte Zeiten. Der Grund: Das Kind merkt, dass es um seiner selbst willen geliebt wird und nicht erst einen Affenzirkus veranstalten muss, um überhaupt wahrgenommen zu werden.

Register

Abgrenzung 46
Abhängigkeit, gefährliche 45
Abmachungen 151
Abstand halten 90f.
Abwarten 20
Aggressionen 57
Albernsein 51
Alleinbleiben 124f.
Alleinsein 125
Alltag regeln 94f.
Alltagsaufgaben 134
Anerkennung 31
Anerkennung, gegenseitige 23
Angst 142f.
Ängste, eigene 140, 142
Angsthasen 140f.
Anpassung 110
Anregungen geben 116
Anspannung 146
Ansprüche, hohe 114
Anstrengungen 103
Anweisungen 134
Ärger beim Essen 68
Ärger 70
Aufmerksamkeit erregen 30
Aufräumen 128f.
Aufräumrituale 129
Auseinandersetzungen 19, 86f., 93
Auseinandersetzungen, fruchtbare 99
Authentizität 22
Autorität, natürliche – der Eltern 23, 77, 97

Balance halten 137
Bedürfnisse, eigene 40
Bedürfnisse, kindliche 95, 170
Belohnung 113
Benehmen, gutes 106
Beruhigungsmittel 65
Bestrafung 75
Bettruhe 88f.
Bewunderung 26

Computer 116f.

Dauerstress 122
Demütigung 147
Drang nach Selbstbestimmung 32
Druck 146f.
Durchhaltevermögen 118
Durchstehvermögen 119

Ehrgeiz 122
Eifersucht 19, 133
Eigeninitiative 162
Eigenständigkeit fördern 45

Eigenständigkeit 34
Eigenwilligkeit 84f.
Einfühlungsvermögen 95
Eingreifen der Eltern 20, 49
Einzigartigkeit 19
Empfindungen 43
Entscheidungen 119
Entspannen 159
Erfolge 134, 138
Erfolgserlebnisse fördern 15
Erfolgserlebnisse 103, 133, 135f., 141
Ermahnungen 131
Erwartungen erfüllen 41
Erwartungen 69f., 79
Erziehung 130f.
Erziehungsmethoden 115

Fähigkeiten, eigene 134
Familienklima 18
Familienklima, entspanntes 115
Familienstreitigkeiten 134
Fantasie, blühende 166
Fehler 115
Festhalten 65
Fluchtgedanken 148
Forderungen 70
Freiheit 32, 94
Freiheiten 56
Freiheitsdrang 33, 34
Freiraum 133
Freizeitangebote 162
Freunde, falsche 44f.
Freundlichsein 110f.
Frust 12, 70, 134

Gebote 56
Gebrüll 16
Geduld aufbringen 12, 57
Geduld 28f.
Gefühle 42f., 101
Gefühle, eigene – der Eltern 143, 147
Gefühle, über – sprechen 43
Gehorchen 78f.
Gelassenheit 159
Gerechtigkeit 112f.
Geschwistereifersucht 80f.
Geschwisterstreit 16f., 18
Gesprächsbereitschaft 87
Gewalt 26
Gewissen, schlechtes 114f.
Glaubwürdigkeit 63
Grenzen setzen 115
Grenzen setzen 21, 56f., 115, 157
Grenzen ziehen 94
Grobiane 37

Halt geben 66f.
Harmonie 91
Harmoniesüchtige Eltern 18
Hausaufgaben 120
Hausaufgabenkontrolle 120
Heile-Welt-Romantiker 18
Hektik 61
Hilflosigkeit, elterliche 147
Höflichkeit 105f.
Höflichkeitslügen 167
Höflichkeitsrituale 107
Hörigkeit 45

Identifikation 22
Individualität 19
Interesse zeigen 29, 31

Kabbeln 48f.
Klamotten 168f.
Klapse 145f.
Klassenklima 121
Kleinkinder als Partner 126f.
Klima, häusliches 114
Kloppen 48f.
Kompromiss 25, 118
Kompromissbereitschaft 85, 87, 111
Konflikte lösen 37
Konflikte 18, 62, 134
Konfliktsituationen 25
Konfrontationskurs 77
Konkurrenz 122
Konsequent bleiben 62f.
Konsequenzen 73
Kontrolle 134
Konzept, klares 68
Konzepte 59
Kraftausdrücke 52f.
Kraftproben 14
Kritik 113

Langeweile 160
Lärm 96f.
Laune, schlechte 64f.
Leistungen anregen 15
Liebesentzug 90f.
Linie, klare 59
Lob 25, 26f., 31, 113
Loben 101, 141
Lüge 164f.
Lügen 165f.

Macht erproben 83
Machtkämpfe 86f., 88, 104
Manieren, gute 104f.
Meinung ändern 63
Misserfolge 138f.
Misserfolgserlebnisse 136f.
Mitbestimmer 99
Mitbestimmung 94f., 118
Mithelfen im Haushalt 72f.
Motivation 30
Motivieren 30f.
Mutmachen 139
Mutproben 45

Nachgeben 40
Nachgiebigkeit 62
Negativerlebnis 135
Nein sagen 40f., 58, 156f,
Nervensägen 92f.
Nervosität 108
Neugeborene 126
Nicht-Gehorchen 76f.
Niederlagen 138f.
Normen 66
Normen, allgemein verbindliche 59

Ohrfeigen 145f.
Originalität 123

Partnerschaftlichkeit 79
Perfektionismus 50, 114f.
Pflichten erfüllen 103
Pflichten 102f.
Provokation 82f., 147
Provokation, Lust an der – 57
Provokationen, echte 83
Provokationen, kleine 83
Prügeln 37

Rabauken 37
Raufereien 48
Regeln aufrechterhalten 63
Regeln aufstellen 129
Regeln festlegen 95, 101
Regeln 62, 82, 94, 102
Regeln, eigene 95
Resignation 128
Respekt 127
Rituale 151
Rivalen 19
Rivalität 122
Rollenverhalten 22
Rückhalt 66
Rücksicht nehmen 41, 96, 106f.
Ruhe bewahren 158f.
Ruhe 89

Schimpfen 70f.
Schimpfwörter 53
Schläge 145, 147
Schüchternheit 105
Schulärger 120f.
Schulleistungen 121
Seele 170
Selbstbestimmung 32, 56
Selbstbewusstsein 78, 111
Selbstkritik 149
Selbstständigkeit fördern 45
Selbstständigkeit 34f., 45, 56, 134
Selbstvertrauen 38, 43, 59
Selbstverwirklichung 94
Selbstwertgefühl festigen 169
Selbstwertgefühl 37, 38f., 99, 105
Selbstzweifel, elterliche 145
Sicherheit 150f.
Sicherheit, emotionale 91
Sich-Wehren 36f.
Souveränität 159
Spiel- und Experimentiertrieb 33
Spielregeln 62
Sprache, verrohte 54f.
Stabilität 151
Stabilität, innere 66
Standpunkt, eigener 42
Starke Eltern 23
Stellung beziehen 21
Störenfriede 92f.
Strafen 73f.
Strategien, friedliche 25
Streit 70
Streiten 16
Streitigkeiten 134
Stumm-Sein 108f.

Taktik 12
Termine 162f.

Tischmanieren 100 f.
Trödeln 60 f.
Trotz 109

Überbehütung 38
Überforderung 145
Überzeugen 119
Umfeld, fremdes 102
Umgangsformen, gute 106
Unabhängigkeit 34, 102
Unannehmlichkeiten 103
Ungehorsam 78, 87
Ungerechtigkeit 112 f.
Unglück 139
Unhöflichkeit 105
Unvernünftig sein 51
Unzuverlässigkeit 148 f.

Veranlagung 39
Verantwortung der Eltern 127
Verantwortung 75, 102 f., 141, 151
Verbote 33, 56, 96, 98 f.
Verbote übertreten 98
Vereinbarungen 62
Verhalten, negatives 73
Verhalten, soziales 102, 107, 111
Verpflichtungen 151
Verständnis 18 f.
Verstummen 108 f.
Vertrauen missbrauchen 167
Vertrauen 122 f.
Verweigerung 104, 149
Verwöhnung, negative Folgen der – 15
Verwöhnung 15
Verwöhnungsfalle 15
Verzweiflungsausbrüche 65
Vorbild 22 f.
Vorbilder, extreme 46
Vorbilder, falsche 46 f.
Vorgaben, klare 59
Vorschusslorbeeren 26
Vorwürfe 145

Warten 12
Wertesystem 22
Wertesystem, eigenes 67
Wertesystem, klares 23
Wertmaßstäbe 66
Wettkampf 122
Widerstand leisten 111
Widerstand 65
Widerwillen 109
Wörter, unflätige 55
Wünsche 56
Wutausbrüche 65

Zärtlichkeit 153
Zeitdruck 50
Zuverlässigkeit 150 f.
Zuwendung 15, 26, 35, 71, 115, 152 f.